ADMINISTRADOR DE EVENTOS

Más De Veinte Años De Reuniones Exitosas. Algunos Consejos Para Dominar La Gestión De Convenciones En Cinco Días.

Daniela Liccardo

Aviso de exención de responsabilidad

Ten en cuenta que la información contenida en este documento es solo para fines educativos y de entretenimiento. Se ha hecho todo lo posible para presentar información completa, precisa, actualizada y confiable. No se declaran ni insinúan garantías de ningún tipo. Los lectores reconocen que el autor no se dedica a brindar asesoramiento legal, financiero, médico o profesional. El contenido de este libro se ha obtenido de varias fuentes. Consulta a un profesional autorizado antes de intentar cualquier técnica descrita en este libro.

Al leer este documento, el lector acepta que bajo ninguna circunstancia el autor es responsable de las pérdidas, directas o indirectas, en las que se incurra como resultado del uso de la información contenida en este documento, incluidos, entre otros, errores, omisiones o inexactitudes.

TABLA DE CONTENIDO

INTRODUCCIÓN 6

CAPÍTULO 1: GESTIÓN DE CONVENCIONES........ ERRORE. IL SEGNALIBRO NON È DEFINITO.

CAPÍTULO 2: EL FORMULARIO DEL CLIENTE 18

CAPÍTULO 3: LA PROPUESTA...60

CAPÍTULO 4: LA SOLICITUD..64

CAPÍTULO 5: LA ESTIMACIÓN 81

CAPÍTULO 6: GESTIÓN DE INVITADOS 99

CAPÍTULO 7: ORADORES Y/O INVITADOS 110

CAPÍTULO 8: EL RESUMEN 122

CAPÍTULO 9: EL PATROCINADOR...128

CONCLUSIÓN 140

SOBRE LA AUTORA...142

INTRODUCCIÓN

Tarde o temprano, todo el mundo tendrá que afrontar la organización de un evento, quizás uno pequeño, pero, en cualquier caso, sin el conjunto adecuado de ideas y emociones, puede resultar increíblemente abrumador. Sin embargo, cuando sepas exactamente lo que quieres hacer, ¡puedes hacerlo fácilmente!

La organización de cualquier tipo de evento como una boda, un evento corporativo, una exposición de arte, una fiesta infantil especial, es la mezcla de dos ámbitos diferentes de nuestra vida:

- **Emocional:** tus nervios siempre deben estar bajo control y tus sentimientos deben amar siempre lo que estás haciendo.

- **Técnico o práctico:** es decir, relacionado con tu competencia o, más precisamente, con la competencia que adquirirás evento tras evento. Y es que, la organización de eventos es un proceso de aprendizaje que durará toda tu vida empresarial. Es **tan emocionante y maravilloso** porque nunca dejas de aprender, ya que cada evento es diferente a otro. **Cada uno es único.** Cada uno tiene una sensación especial, maravillosa e increíble que solo puedes sentir cuando creas una obra de arte o cuando te enamoras de alguien. **Y cada evento que organices debe ser tu obra maestra.** Cada evento sacará a relucir todas tus partes porque expresarás tu creatividad y tu pasión. Crearás algo de la nada. Exactamente como sucede cuando te enamoras de alguien: **todo surge de un sentimiento imperceptible, una intuición, una idea.**

Pero, al igual que en el amor, el primer sentimiento podría convertirse en una ilusión, y la maravillosa boda (no solo como evento sino, sobre todo, como un matrimonio) podría convertirse en un terrible problema. Incluso tu evento perfecto podría ser tu situación más estresante en la vida por la enorme cantidad de detalles, personas y proveedores que tienes que coordinar en un baile preciso, donde cada parte tiene su rol en perfecta armonía con la otra. Para realizar el evento que tienes en mente, a pesar de las situaciones a las que te enfrentarás, moverás todos tus nervios en la dirección que hayas elegido, apoyando tu competencia. La **determinación firme** es absolutamente importante: apoya tu capacidad y tu voluntad de seguir adelante y encontrar soluciones cuando surgen obstáculos; porque surgirán. Dicho esto, te doy la bienvenida al libro, con sus consejos prácticos para organizar cualquier tipo de evento: una reunión corporativa, una jornada de puertas abiertas, un viaje de incentivos, una boda, un día en familia, una feria comercial, etc.

Las competencias requeridas son:

- Gestión de convenciones
- Gestión de invitados

En particular, todo el conjunto de servicios requeridos para la realización de un evento en todos los aspectos podría distinguirse en estos cuatro apartados diferentes, interconectados entre sí:

1. Elaboración del Plan

- Búsqueda de propuestas para la identificación del lugar más adecuado.

- Elaboración del plan de actuación, desarrollo de las pautas más operativas y evaluación del plan de costes estimados.

- Planificación e investigación de fuentes de financiación, involucrando tanto los contactos con los clientes tradicionales como las referencias y canales habituales de la agencia, además de desarrollar nuevos contactos.

2. Actividad de comunicación y relaciones públicas

- La gestión de relaciones con promotores, patrocinadores y con las autoridades.

- El estudio y producción de material promocional.

- La oficina de prensa.

3. La Secretaría Científica para apoyar el desarrollo del contenido de la conferencia

- La gestión de las relaciones con los ponentes, el envío de cartas de invitación, la recogida de sus confirmaciones, las necesidades y requisitos relacionados con su asistencia, etc.

4. La Secretaría General

- La organización y gestión de los participantes y sus acompañantes en la conferencia en lo que respecta a viajes, alojamiento, comidas, traslados in situ, entretenimiento y programa social.

- La coordinación técnico-logística del evento mediante la selección de proveedores, la planificación de la preparación general y técnica de la sede del congreso, la búsqueda de traductores, anfitrionas y personal especializado.

- La atención y servicio de cáterin.

- La secretaría administrativa para el cobro, contabilidad y facturación de derechos de registro, gestión de proveedores, redacción de contratos con patrocinadores, facturación y cobro de tarifas pactadas con ellos, redacción del plan financiero, redacción de estados financieros periódicos, asesoría fiscal, el cumplimiento de los trámites de seguros y obligaciones legales.

CAPÍTULO 1:

GESTIÓN DE CONVENCIONES

La Gestión de Convenciones es la forma de enfocarse en brindar un soporte completo en el desarrollo de eventos, a la medida de las necesidades, estrategias y presupuestos de comunicación que requieran los clientes, ya sean corporativos o privados.

Tarde o temprano, todo el mundo planificará algún tipo de evento. El evento puede ser pequeño o grande, pero no importa su tamaño o su público objetivo, cada evento requerirá un plan para tener éxito.

Si el evento es enorme, deja que diferentes personas coordinen diferentes actividades, por supuesto, bajo tu supervisión; trabajar con un equipo es mucho más efectivo que hacerlo todo tú mismo: reúnete con ellos para intercambiar ideas sobre cualquier problema que pueda surgir.

Pero comencemos paso a paso.

1. La idea

Desde el principio, un evento toma forma primero en tu cabeza y luego se convierte en realidad. Entonces, el primer paso es pensar en el resultado que quieres lograr, buscando toda la información necesaria para que suceda: escribe todas las ideas que tienes en mente.

Escribe tanto como puedas, porque es importante no olvidar ningún detalle. Esta lista inicial se convertirá en el marco de tu evento.

Se actualizará con todos los elementos a medida que los realices: ¡la lista inicial seguirá y seguirá hasta que llegues al evento!

2. La propuesta a tu cliente

Cuando tengas establecido lo que quieres hacer, tienes que proponerlo a tu cliente y, si le gusta, tienes que fijar la fecha.

Para solicitar una oferta (hotel, cáterin, plaza, viaje, equipamiento técnico, autobús, tren, avión, etc.), se necesita una fecha.

Incluso si tienes la mejor idea para tu evento, si quieres hacerlo posible, consulta la disponibilidad de la plaza, la disponibilidad de las habitaciones en el hotel, etc.

Si estás seguro de que la ubicación, el hotel y los demás proveedores que necesitas están disponibles en la fecha que hayas elegido, entonces puedes comenzar a trabajar y puedes hacer un presupuesto para proponerlo a tu cliente.

3. El presupuesto

Si al cliente le gusta tu idea y aprueba tu presupuesto, durante los meses, las semanas y los días previos al evento, también es muy importante pensar en qué tipo de público tendrá el evento.

Envíos, publicidad, oficina de prensa, promoción: dependen del tipo de público al que te vas a referir. La promoción debe adecuarse a la audiencia a la que se quiere informar y adquirir.

Entonces, luego de la propuesta logística y la aprobación del presupuesto, es necesario pensar y establecer un plan de promoción, acordado con tu cliente, y, mientras tanto, asegurarse de actualizar los sitios web conectados al evento.

La promoción es vital para el resultado de tu evento: ¡un evento sin suficiente gente o con demasiada gente en comparación con la capacidad del lugar es un desastre!

Después de estos tres primeros pasos, puedes comenzar tu trabajo operativo, pero para realizarlo de la mejor manera, **es muy importante tener un sistema o un método para organizar tu trabajo.**

4. El método

La organización de un evento, de hecho, conlleva la acumulación de recibos, así como de confirmaciones, facturas e incluso trámites generales, vallas publicitarias u otras formas de publicidad, promoción o envío.

Debes guardar todo (también cada correo electrónico enviado o recibido, cada nota, todo tipo de documentos) hasta el final del evento, porque quizás, antes del evento, podrías tener la necesidad de consultarlos, pero también después del evento, en caso de problemas con acuerdos o pagos por parte de los clientes o con los proveedores.

Es muy importante guardar todos los correos electrónicos enviados y recibidos relacionados con los contratos firmados, así que **cuanto más organizado estés desde el principio, mejor.**

5. Los servicios

En este punto, debes pensar en todos los servicios a brindar que deben ser prestados bajo los más altos estándares profesionales.

Cuando eliges un proveedor, por ejemplo, o una persona para tu personal, debes estar seguro de la calidad de su trabajo, saber si es una persona en la que puedes confiar y si tiene las habilidades adecuadas para hacer el trabajo que le estás encomendando.

Por supuesto, el precio es importante: un proveedor podría ofrecer un servicio a un costo más económico que otro, pero si eliges fijarte solo en el precio, te equivocarás. El precio no es el único término de comparación entre dos proveedores. El servicio que requieres debe realizarse de la mejor manera posible, en lugar de estar lleno de errores.

Por ejemplo, un cáterin que funciona mal se puede advertir no solo por la forma aproximada de cocción sino también por la presentación de la comida o la manera de servir a los clientes. Los manteles quizás no estén bien planchados y se pueden ver pliegues por todas partes; los camareros tienen manchas de comida en sus delantales. Si no son profesionales, no saben servir y se les caen los platos o vasos. La actitud de los camareros puede ser descortés o no condescendiente, y los clientes pueden sentirse incómodos y comer mal.

Las flores de la mesa del buffet o de los centros de mesa, si elige una floristería inadecuada, pueden estar secas o viejas o con colores no adecuados para el logo o los manteles del cliente. Las combinaciones son, de hecho, muy importantes. Determinan un tono de color y uniformidad en el ambiente, que debe estar en consonancia con el estilo general del evento.

Además, si un evento tiene un público puramente masculino, es necesario evaluar si los centros de mesa deben estar hechos con flores o es mejor usar piñas, castañas u otro tipo de decoraciones.

Y si el servicio de cáterin se realiza durante el día en lugar de por la noche, los centros de mesa están bien, pero sin vela. La vela es apta para cenas, pero no siempre; depende de la atmósfera que quieras crear. Lo mismo se aplica a otros proveedores.

Por ejemplo, un hotel puede ser un hotel de tres estrellas, pero debe estar limpio y nuevo. Si los muebles son un poco viejos, si los inodoros están llenos de silicona, o si hay agujeros, quemaduras o manchas en la alfombra, la sensación que tienes es algo sucia y fea.

Los empleados del hotel deben ser amables, y el personal con el que trabajas para las reservas debe estar disponible y preparado; de lo contrario, confundirán los nombres de tus invitados y, cuando se registren, no los encontrarán en la lista.

De hecho, antes de la llegada de los huéspedes, la lista de nombres enviada al hotel siempre se debe verificar nombre por nombre con la recepción para asegurarse de que no haya errores. Puedes darle al hotel una lista perfecta, pero si el personal de recepción pierde las asignaciones de habitaciones o los nombres, todo tu trabajo se desperdicia.

Pero tomemos otro ejemplo.

Si decides imprimir el menú o el programa de la noche y eliges una impresora barata o no muy capaz, solo porque cuesta poco, el resultado será terrible. Ciertamente, el tono de color será incorrecto y la imagen no se definirá, la prueba de impresión tendrá que realizarse y rehacerse varias veces porque estará llena de errores y la calidad del papel será mala.

Cada producto que elijas crear para un evento, ya sea en papel o visual, un servicio de cáterin o un alojamiento en un hotel, debe tener un nivel muy alto.

El evento es un producto exclusivo y debe organizarse con la máxima precisión y la máxima profesionalidad en todos sus aspectos. Es el producto final de tu organización y es tu imagen la que destaca.

No importa si el error lo comete el cáterin o el impresor porque no son muy buenos, etc.: la firma, la marca que resalta en cada evento es siempre la tuya. Entonces, pase lo que pase, los asistentes como invitados y clientes te culparán, ya que tú eres el responsable de organizar ese evento.

Por este motivo, a la hora de elegir un proveedor, anfitriona o cualquier persona que tendrá que apoyarte en la organización de un evento, es muy importante no basar esta elección solo en el coste.

De igual forma, al comparar las cotizaciones de dos proveedores, por ejemplo, que a pesar de tener el mismo estándar de calidad, tienen precios diferentes, intenta evaluar si puedes conseguir un mejor trato y por qué uno cuesta más que el otro.

6. La elección

No dejes nada al azar.

Cada elección hecha con amor y atención produce un efecto que crea valor. **Y la creación de valor debe ser tu objetivo final tanto en términos económicos, sociales y estéticos.**

Tu evento debe ser hermoso, y debe ser útil porque hará trabajar a mucha gente, y fructífero porque aumentará las ventas de tus clientes si tus invitados fueran tratados como reyes.

Un evento exitoso es tu éxito, y depende de los proveedores y del personal que hayas elegido: ellos pueden determinar tu grandeza o tu debilidad.

Este libro puede ayudarte a encontrar la manera correcta de solicitar una oferta a un proveedor o de administrar un cliente, un invitado o un patrocinador, pero no puede ayudarte a elegir un proveedor o un asistente: depende de ti.

No te apures. Trata de pensar en lo que le gusta a tu cliente, pero también en lo que es útil o no; qué podría ser mejor para el evento en sí o no. Debes guiar a tu cliente, no al revés. Debes liderar a tus proveedores, no al revés. Debes ser el líder de tu personal. Los clientes, proveedores y personal deben confiar en ti.

Para alcanzar este objetivo, debes tener a todos en alta estima: tu cliente es tan importante como tu proveedor y tu personal porque solo trabajando todos juntos se puede hacer un evento.

Por supuesto, una reunión corporativa es muy diferente a una boda privada o una fiesta infantil (aunque puede ser muy articulada con motivo de un cumpleaños o celebración excepcional). Pero cada evento tiene el mismo marco. El camino o la ruta que tienes que seguir es el mismo. Las diferencias están solo en el tipo de personal y proveedores que debes elegir.

Dicho esto, acabamos de llegar al segundo capítulo que corresponde al primer paso de tu actividad: el formulario del cliente.

CAPÍTULO 2:

EL FORMULARIO DEL CLIENTE

E l primer paso operativo es **el formulario del cliente**.

Es el método para recoger todas las sugerencias de las que hablamos al principio de este libro en una especie de lista programada de forma adecuada: una agenda de todas las actividades relacionadas con el evento minuto a minuto.

Míralo a continuación y pruébalo pronto, llenando los huecos con la descripción adecuada de todo lo relacionado con el evento que deseas organizar.

Tienes que actualizar el formulario del cliente con todos los cambios y/o todos los detalles realizados durante el período previo al evento.

El tiempo también es una parte integral del formulario del cliente (mira justo debajo del ejemplo), donde todas las actividades enumeradas se resumen en términos de cuándo, dónde y quién debe realizarlas.

Ejemplo: formulario del cliente

Cliente	
Título	
Fecha	
Sitio	
Idioma oficial	
Participantes totales	
Cuota de inscripción (si corresponde)	
Mecenazgo	
Tratamiento de ponentes e invitados	
Tratamiento de participantes	
Gráficas e impresoras	
Lugar de eventos	
Equipo técnico	
Cáterin	

Proveedores y personal adicionales	
Promoción	
Programa social y regalos	

Sincronización

Qué	Cuándo	Quién	Notas
Opción de...	Fecha de vencimiento el...	Asistente del CEO	
Pago de...	El...	Editor de video	

Cliente

En este apartado hay que introducir todos los datos del cliente como teléfono, email, móvil, dirección, nombre de la empresa, persona de contacto administrativo, persona de contacto de producción, persona de contacto de mercadotecnia, teléfono de todos, detalles de la ruta con GPS o navegador, otra información sobre todos los detalles logísticos, operativos y administrativos del cliente.

También puedes insertar aquí quién es el asistente, si es simpático o no, o si prefiere un contacto amistoso o formal.

Toda la información sobre tu cliente debe ingresarse en esta sección. Es una proyección o una radiografía de tu cliente. Cada año, si vuelves a trabajar con el mismo cliente, la información de esta sección podría permanecer igual o actualizarse. Depende de si se produjeron cambios en la empresa o no.

Además, ingresa tus sentimientos sobre el cliente. Me refiero a si crees que pueden tener problemas con el pago o si son una empresa confiable. Todo lo necesario para tener conocimientos sobre tu cliente.

Título

En esta sección, debes insertar el título del evento y el subtítulo (si corresponde).

Fecha

Aquí debes añadir la fecha durante la cual tendrá lugar el evento.

A veces puede haber un evento que dure una semana (por ejemplo, una feria), o podría haber un evento de tres días (o más), pero todos los días, hay un simposio, reunión, conferencia, feria comercial diferente o actividad.

Todo debe estar detallado en esta sección. Fecha por fecha, relacionado con lo que sucederá en ese plazo. Es como un calendario con un plan programado para las cosas que acontecerán.

Sitio

En esta sección, debes ingresar el nombre de la ciudad donde se llevará a cabo el evento.

Eso sí, añade todas las especificaciones que necesites, por ejemplo, si está en el extranjero, si hay cosas críticas sobre las autopistas o las calles para llegar a la ciudad o si está demasiado lejos del aeropuerto más cercano o de la estación de tren más cercana u otra información que creas que podría ser útil.

Escribe aquí también si hay problemas con el ayuntamiento, por ejemplo, en caso de que tengas que pedir permiso o licencia para realizar algunas actividades que no están permitidas en el pueblo.

Idioma oficial

En esta sección, debes ingresar los idiomas que se utilizarán en el evento. Si habrá uno o dos o más, debes especificar todo.

Es inútil decir que, si no hablas todos los idiomas, tu personal debe poder hacerlo; de lo contrario, necesitas anfitrionas e intérprete en los idiomas requeridos.

Tienes que saber al menos un idioma extranjero, y saber un idioma extranjero significa que tienes que hablarlo y escucharlo/entenderlo a muy buen nivel. Debes poder gestionar todo tipo de contenidos relacionados con la información general y su actividad.

Por supuesto, no es necesario que conozcas términos o palabras científicas o comerciales sobre el contenido de la conferencia, porque no eres ni serás intérprete ni traductor. **Pero si el nivel de tu idioma extranjero es bajo, asiste inmediatamente a un curso de idiomas.**

Necesitas hablar con fluidez al menos uno o dos idiomas extranjeros (esto es mejor, por supuesto). Y también las anfitrionas: deben hablar al menos un idioma extranjero con fluidez. Para la traducción o interpretación simultánea, emplearás intérpretes o traductores.

Finalmente, otra consideración importante sobre el idioma oficial es que toda la comunicación antes del evento, no solo durante el mismo, debe ser en el idioma requerido por el cliente: texto oficial, correo electrónico, carta de invitación o suscripción. La lista puede ser larga.

Significa que el personal que trabaja permanentemente en tu oficina debe poder manejar muy bien el idioma oficial del evento; de lo contrario, debes enviar cada texto a un traductor antes de ponerlo a disposición, ¡y eso lleva mucho tiempo y una enorme cantidad de costos!

Participantes totales

En este apartado hay que insertar el número de participantes que asistirán al evento, pero también hay que distinguir el número de personas que participarán en una u otra actividad, porque quizás no todo el mundo asistirá a la misma conferencia, simposio o sesión.

Algunas personas, por ejemplo, pueden asistir al simposio de un patrocinador, otras a una sesión científica o solo a la principal; los acompañantes suelen participar únicamente en el programa social y no en la reunión (seguramente prefieren una visita al centro de la ciudad o ir de compras) mientras el compañero está en el trabajo.

Significa que en algunos momentos/situaciones del día, tienes un número total de personas todas juntas, pero en otros momentos/situaciones, tienes muchos grupos pequeños y cada grupo realiza actividades diferentes.

Es probable que los diferentes grupos almorzarán o cenarán juntos o tomarán un café (generalmente las comidas son en conjunto durante un evento), mientras que durante las sesiones científicas podrían dividirse.

El número es muy importante, y conocerlo de antemano, antes de que comience el evento, es crucial. Por ejemplo, si tienes una sala de reuniones para cuarenta personas, pero hay cincuenta participantes, ¿qué vas a hacer?

La gestión de invitados (descrita en los capítulos seis, siete y ocho de este libro) te ayudará a conocer de antemano el número exacto de personas para cada actividad.

En cada evento, saber de antemano lo que hace cada invitado/participante, dónde lo hará y cuándo es la única forma de reservar la cantidad correcta de comida, bebidas, sillas, regalos, etc. Pero conocerlo anticipadamente también es necesario para evitar una situación en la que haya demasiados participantes en comparación con la capacidad del lugar o, por el contrario, muy pocos participantes en comparación con la gran dimensión del lugar.

Enfrentar un problema como la falta de asientos, comida o bebida es terrible, pero una sala de reuniones más grande que la necesaria para el evento también es una sensación espantosa: parecerá vacía.

En ambos casos, los invitados se sentirán incómodos y los oradores pensarán que el congreso no fue un éxito.

Las salas de reuniones deben tener la capacidad adecuada para el número adecuado de participantes: ni demasiado grandes ni demasiado pequeñas. El número total de participantes que escribirás/anotarás en esta sección tiene, por tanto, una gran importancia.

Lo mismo se aplica a una sala de restaurante o un lugar utilizado para cenar. Sin embargo, solo en el caso de una cena (servida en la mesa o estilo buffet con mesas de apoyo), si el número de participantes es ligeramente menor al esperado, puedes utilizar trucos triviales para evitar malos sentimientos en tu invitado.

Por ejemplo, cuando lleguen las personas, cuéntalas, y antes de que tomen sus asientos, si ves que el número de invitados es menor que las sillas dispuestas, retira las sobrantes.

Pide ayuda a los camareros. Los participantes estarán tan ocupados en sus charlas que no se darán cuenta de lo que estás haciendo y, cuando todos estén sentados, las mesas parecerán llenas, aunque una mesa tenga diez personas y otra solo nueve u ocho.

La sensación general será que la cena es perfecta. Es decir, si sabes exactamente cuántas personas se esperan en la cena, podrás gestionar las ausencias o los excedentes.

Y sí, si no conoces de antemano el número adecuado de personas, te arriesgas a colocar más sillas de las necesarias, más mesas y más comida en comparación con lo que realmente necesitas. Y tienes que pagar por todo lo que pediste, ya sea que se use o no.

Por ejemplo, cuando reservas cáterin para cien personas, y son noventa, está bien: un 10 % más o menos, no es de extrañar.

Pero si reservas el cáterin para cien personas, y solo son sesenta, cuatro mesas estarán completamente vacías y cuarenta sillas también y, por último, pero no menos importante, habrás gastado dinero en casi el doble de personas que han comido. Significa que no has realizado ninguna gestión de invitados o no de la forma correcta.

Por lo general, un 10 % o un máximo del 20 % de personas menos es algo normal. Pero más de este porcentaje no es bueno. Significa que hubo un error en la gestión de invitados.

Por supuesto, también puedes tener el problema opuesto. Por ejemplo, si tienes mesas y sillas reservadas y cáterin para cien personas, y son ciento cuarenta, ¿qué piensas hacer?

Es un problema grave porque, en el lugar, no se pueden tener suficientes alimentos y bebidas, ni sillas ni mesas para todos.

Nunca te pongas en esta condición. El número total de participantes es crucial. Y es fundamental no solo para el lugar y la cena, sino también para el resto de servicios, como el alojamiento en hotel.

Trata de pensar en la cantidad de personas que dormirán y cuándo (quiero decir, debes saber la fecha exacta de registro y salida).

Si reservas más habitaciones en el hotel de las que necesitas, pagarás una gran cantidad de dinero por nada y desperdiciará una gran cantidad de dinero que podría usarse para muchas otras cosas. Pero, si reservas menos habitaciones de las que necesitas, ¿dónde alojarás a las personas en exceso?

Quizás en el hotel reservado no haya otras habitaciones disponibles en la fecha que necesitas (si no las tienes reservada con anticipación). En ese caso, debes trasladar el excedente a otro hotel, tal vez lejos.

Durante una feria muy importante, por ejemplo, si no reservas las habitaciones uno o dos años antes del evento, corres el riesgo de no encontrar ninguna habitación disponible en el lugar.

En este caso, puedes encontrar un alojamiento en un hotel fuera de la ciudad, pero debes organizar un autobús privado o un servicio de traslado para llevar a los invitados a la ciudad cada mañana/tarde (para ir y regresar).

Y también, en este caso, el número de participantes es muy importante. Los autocares/autobuses privados tienen diferente capacidad de asientos: treinta, cincuenta, setenta asientos (en el caso de dos pisos) o similar.

El número de personas que tendrán que utilizar el servicio de bus, por supuesto, debe ser igual o menor que los asientos disponibles a bordo: si reservaras un bus con cincuenta asientos y tienes que trasladar a sesenta personas, ¿cómo podrías hacerlo? ¿Llamas un taxi? ¿Y dónde piensas encontrar un taxi disponible durante una feria? Es absolutamente imposible.

Con una correcta gestión de los invitados, puedes saber cuántas personas utilizarán el servicio de autobús. Y, tomando un pequeño margen, es mejor pedir un autobús grande en lugar de un autobús pequeño porque, a diferencia de la sala de conferencias o reuniones, a la gente le encanta viajar cómodamente, y si hay más asientos de los que necesitas, mejor. A nadie le gusta sentirse apretado como sardina en lata.

Este es el único caso en el que es mejor reservar un autocar grande, incluso si el número de personas es menor que las plazas disponibles en el autobús. Además, el coste de un autobús de treinta plazas y un autobús de cincuenta plazas no es tan diferente: así que, si tienes treinta personas, reserva un autocar de cincuenta plazas.

Quizás, en el lugar, llegue un invitado más; tal vez el cliente quiera subir al autobús con sus invitados. Unos pocos asientos más siempre son mejores. Y si hay personas con equipaje, un autobús más grande es ciertamente más conveniente.

Otra situación significativa en la que es muy importante considerar el número de personas es el programa social. Por ejemplo, si has reservado un guía turístico y tienes que llevar a tus participantes o sus acompañantes en el recorrido (tal vez un recorrido simple como una visita al centro de la ciudad, un museo o a una degustación de vino, etc.), la autorización legal permite solo un número máximo de personas por cada guía turístico.

Si el número aumenta un poco, no hay problema: pagarás la diferencia después del evento en el saldo final. Pero, si el número se duplica, necesitas dos guías turísticos. ¿Y dónde encuentras un guía turístico disponible en el lugar?

Por tanto, en este caso, la gestión de invitados te ayuda a saber de antemano cuántos guías turísticos necesitas en función del número de participantes.

Como ves, esta sección está estrictamente relacionada con los tres capítulos del libro: número cinco, número seis y número siete. Pero este apartado también está relacionado con la comunicación y publicidad del evento. Incluso, a veces, con la oficina de prensa. ¿Por qué? Porque, por ejemplo, si tu evento es un concierto, una conferencia política o algo donde todo el mundo puede ir comprando una entrada o incluso gratis, el número de participantes está garantizado solo por una buena promoción.

Envíos, invitación, promoción, publicidad y prensa; todos estos instrumentos son muy útiles para el éxito del evento, pero no todos y no siempre hay que utilizarlos: depende del tipo de evento que estés organizando.

No hace falta decir que esto también se aplica a aquellos servicios para los que necesitas profesionales con un estándar muy alto.

Entonces, con respecto al número de participantes, debes considerar cuidadosamente todos los factores mencionados anteriormente para ingresar el número correcto en esta sección.

Cuota de inscripción

Aquí tienes que anotar la tarifa que deben pagar los participantes cuando se registran para el evento.

Ten cuidado: no todos los participantes pagan la misma tarifa y no todos los eventos requieren una tarifa. Por ejemplo, si organizas un congreso, normalmente hay una tarifa para los participantes y otra tarifa para los acompañantes porque participan en diferentes actividades.

Los acompañantes, por ejemplo, pagan solo por el programa social o las pequeñas actividades junto con los participantes como el almuerzo, la cena, la pausa para el café o la formación de equipos (si corresponde).

Los participantes pueden elegir, si quieren, registrarse para todo el congreso o solo para algunas sesiones. Las sesiones pueden durar un día, dos días o solo una tarde o una mañana.

Los participantes también pueden decidir participar en otras actividades adicionales como un simposio específico u otras que se describirán en este apartado, si las hubiera, con la tarifa correspondiente. Por supuesto, toda esta información depende del tipo de evento que estés organizando.

¿Un concierto? Todo el mundo paga, pero el precio puede variar según el lugar donde te ubiques, ya sea en la pista, en la galería o en las gradas. ¿Un congreso? Diferentes tarifas para diferentes actividades. ¿Una convención? Nadie paga. Es una reunión corporativa y está reservada solo para el personal, personal de ventas, clientes, etc. ¿Una boda? Todos son invitados.

Esta sección del formulario del cliente debe completarse considerando el objetivo, la audiencia o el tipo de personas/invitados a quienes se dirige el evento.

No hace falta decir que, si estás administrando un evento en el que tienes que cobrar una tarifa de inscripción, necesitas al menos una persona (o más de una, si el evento es muy grande) para hacer este trabajo. El tiempo necesario para esta actividad es muy largo. El responsable debe ser muy meticuloso. Mejor si tienen habilidades administrativas. Por cada tarifa, debe emitir un recibo o una factura.

Si el evento requiere una tarifa de inscripción, significa que parte de los ingresos provienen de ella, o todos (rara vez, pero podría ser).

Por lo general, hay patrocinadores o diferentes socios comerciales involucrados en un evento donde se requiere la tarifa de inscripción, por lo que la tarifa es solo una pequeña parte de la cantidad de dinero que cubre todos los costos del evento.

En caso de evento corporativo, boda o evento reservado solo para invitados (celebración como los cincuenta años de una empresa o algo así) debes emitir la factura solo a un cliente (esperando que pague antes de la fecha de vencimiento, porque debes pagar a los proveedores, al personal, etc.). Por lo que es muy importante que las fechas de vencimiento de pago del depósito indicadas en el saldo san respetadas por tu cliente).

En el caso de congresos u otros eventos con cuota de inscripción, las facturas a emitir son muchas: participantes individuales, patrocinadores, sociedades científicas, etc. (depende de todos los sujetos involucrados).

De todos modos, si la inscripción es parte de los ingresos para cubrir los costos del evento, es muy importante no equivocarse a la hora de decidir cuánto debe ser la tarifa de inscripción. La decisión debe tomarse junto con los patrocinadores/clientes.

Presta atención: una tarifa de inscripción incorrecta puede provocar un déficit en el evento. Si la tarifa de inscripción es demasiado alta en comparación con la oferta (el evento en sí), la gente puede decidir no asistir. Si la tarifa de registro es demasiado baja, no tendrás suficiente dinero para cubrir los gastos y los clientes/patrocinadores/etc. tendrán que pagar el resto, si lo aceptan o si está en el contrato que firmaste. Ten mucho cuidado con las ganancias del evento, o corres el riesgo de perder mucho dinero.

No hay evento que cueste poco. Por lo tanto, si no deseas organizarlo con fines benéficos, siempre ten en cuenta tu presupuesto y los ingresos relacionados, y, especialmente, si provienen de las tarifas de inscripción, en parte o en su totalidad. ¡Ten cuidado!

Es cierto que, si la tasa de registro es correcta y hay mucha más gente de la esperada, tus intereses aumentan y por tanto hay un beneficio excelente.

Cuando te decidas por una tarifa de inscripción, debes calcular el costo total del evento y dividirlo por el número estimado de participantes que crees que vendrán.

Trata de mantener bajas las expectativas, es decir, calcula un número mínimo de participantes que pagan, de modo que, si son más, tus ganancias serán mayores.

Obviamente, si hay otros ingresos, como las tarifas pagadas por los patrocinadores, tendrás que dividir por el número de participantes solo la parte restante del gasto no cubierto por el patrocinador.

Además, considera que, y esto es muy claro y detallado en el capítulo sobre el presupuesto, si subestimas los posibles costos imprevistos, aunque plausibles, en el presupuesto te arriesgas a no tener la cobertura necesaria.

De hecho, cada evento tiene un presupuesto inicial que se basa en costos mínimos de gasto, pero, en el balance final, los costos pueden duplicarse o permanecer muy similares a la estimación, dependiendo de la gestión de ingresos y gastos.

Esto quiere decir que, si tu cliente no es una empresa, y, por tanto, si tu evento no es una reunión cubierta de gastos sino un congreso o un evento a puertas abiertas, no tienes una persona de contacto para pedir el dinero faltante.

¿Dónde piensas encontrar el dinero faltante que no provino de la tarifa de registro? La empresa cliente es, de hecho, garante, en base al contrato que firmas, de todos los gastos que, autorizados por la propia empresa (siempre por escrito, nunca de palabra), incurras en su nombre. Entonces, si los gastos aumentan, estás cubierto si el cliente los autoriza. Pero, en el caso de un congreso, por ejemplo, si los costos aumentan y no hay otros patrocinadores u otros participantes que paguen, ¿quién corre el riesgo?

Por eso la tasa de inscripción es muy importante y, cuando la estableces, también debes considerar el posible exceso, para que estés más garantizado. Si los gastos permanecen contenidos, significa que tendrás un mayor margen de beneficio.

Entonces, en el caso de un evento corporativo, tienes menos riesgos (si la empresa es sólida y paga sus facturas), pero tienes menos ganancias.

En el caso de un congreso y un evento con más pagadores (cuotas de inscripción, patrocinadores, etc.), tienes muchos más riesgos, pero las ganancias a veces pueden ser muy altas si pudieran quedarse en tu agencia. Oh sí, porque si el acuerdo firmado con tu cliente no es este, debes darle este beneficio. Así que presta atención cuando firmes algo: ¡lee muy bien!

Una vez cubiertos los gastos, en el saldo final, si el convenio suscrito establece que tú y tu cliente decidirán cómo repartir los ingresos adicionales, podrás quedarte con todos o parte de ellos, según el convenio antes mencionado.

Pero, si el dinero que ganaste excede los gastos incurridos durante una conferencia, no pertenece a tu agencia (a menos que el acuerdo lo disponga). Este dinero pertenece al cliente (tal vez podría ser una sociedad científica, por ejemplo, en el caso de un congreso científico) y debe ser devuelto en forma de becas para aprendices o financiando los proyectos de investigación que siguen, etc.

Es decir, todo depende de acuerdos contractuales. Está claro que, si hay un beneficio, tu cliente está contento y te hará organizar el próximo evento.

Por lo tanto, presta atención a la tarifa de registro que publicas, considerando todo lo anterior.

Mecenazgo

En esta sección, debes insertar el patrocinio que debes solicitar para tu cliente.

El mecenazgo proviene de un consejo nacional o local, una importante asociación científica o política, de un teatro, etc., y puede ser gratuito o de pago.

A veces hay que pagarlo y, aunque pueda parecer un gasto inútil, son necesarios algunos patrocinios para aumentar el número de personas que acudirán a tu evento. Por esta razón, es mejor realizar una inversión que te reportará más dinero más adelante que ahorrar dinero ahora.

Invertir dinero de la manera correcta con las personas de derechos del personal y los proveedores y con los patrocinios adecuados es la mejor manera de tener éxito, porque todo esto te brinda la posibilidad de ganar mucho más dinero de las tarifas de registro o de los patrocinadores.

Básicamente, el mecenazgo es algo a lo que tendrás que enfrentarte en cualquier evento que no sea privado. Una reunión corporativa rara vez necesita patrocinio. Un congreso (científico o político) siempre necesita patrocinio y no solo uno. No hay una forma específica o un ejemplo de carta para pedirlo.

Es una solicitud simple, por lo que no encontrarás ningún ejemplo de esto en el libro.

Ponentes y/o invitados de tratamiento

Los ponentes y/o invitados son muy importantes para cualquier tipo de evento. Hablan de temas relacionados con el evento en sí o son clientes de tu cliente, concesionarios o invitados a la boda como familiares, amigos, etc. En todo caso, deben sentirse mimados, bien recibidos, tratados como reyes y reinas.

El tipo y nivel de oradores en un evento a menudo determina no solo el número de participantes sino también su importancia (científica, política o comercial).

Los ponentes son siempre invitados y, a veces, se les paga por su intervención/conferencias/etc. En algunos casos, especialmente en el contexto de conferencias médicas, los oradores también pueden ser cirujanos que operan en vivo. En estos casos, se organiza un video directo con el quirófano.

Si en cambio hablan en el congreso y simplemente proyectan videos, fotos o textos, entonces su presencia será directamente en la sala del congreso sin conexiones externas.

Por lo general, los oradores deben ser organizados tanto en su alojamiento en el hotel como en su viaje. Obviamente, necesitan una recogida personalizada a su llegada y/o regreso. Además, si deben tener/recibir una tarifa de asistencia, debe estar planificada en el presupuesto del evento.

Los ponentes suelen tener condiciones exclusivas en comparación con los participantes, también para el almuerzo, que está reservado para ellos en una sala separada, o para la cena, en un lugar privado solo para ellos.

Esto no es solo por una cuestión de consideración hacia ellos, sino también para no perder el tiempo haciendo cola en el buffet, ya que siempre tienen poco tiempo.

En ocasiones hay obsequios para ellos, y deben ser encontrados en la sala a su llegada, o serán entregados directamente durante la cena por el presidente del congreso o por otro responsable.

Al igual que todos los participantes, en la recepción, los ponentes recibirán el kit de conferencias de manos de las anfitrionas, pero para ellos, en el momento de la inscripción, suele añadirse un pequeño obsequio.

Los hablantes deben manejarse con mucha precaución porque a menudo son susceptibles o están acostumbrados a que los traten como estrellas. Por lo tanto, debes tener mucha consideración por sus hábitos.

Es muy importante tener una o dos anfitrionas en el salón de plenos a disposición de los ponentes, en caso de que pierdan un bolígrafo, necesiten hacer fotocopias, entre otras cosas.

La mesa de ponentes en el salón de plenos, así como en las salas de las otras sesiones, si las hubiera, debe estar siempre dispuesta con agua, vasos, bolígrafos, bloc de notas.

Junto a la mesa de ponentes, debe estar la mesa del plenario o de las anfitrionas, cuya tarea es cambiar el nombre del orador en el monitor cada vez que el nuevo sube al podio. De esta manera, los participantes siempre sabrán quién está hablando, incluso si no conocen su cara.

A veces, de hecho, muchos oradores son conocidos por sus nombres, pero no son como los actores que todo el mundo conoce también por sus rostros. Evidentemente, sus nombres están vinculado a libros, investigaciones, actividades laborales, etc.

En comparación con los ponentes, los invitados pueden ser personajes famosos o simplemente personas importantes para el sector al que pertenece ese congreso o reunión.

Los invitados tienen el mismo trato reservado para los ponentes en términos de hospitalidad del hotel, viajes, recogida, etc. También se proporcionan obsequios personales y kits para los invitados tanto en la recepción como en la cena. Al igual que a los ponentes, hay que mimarlos y hacerlos sentir siempre el centro de atención. Casi siempre son «primeras damas», por así decirlo.

En el caso de un evento corporativo o una boda, los invitados son los propios participantes. Por lo tanto, todos los participantes son tratados con el máximo cuidado en relación con la hospitalidad del hotel y sus necesidades de viaje, recogida o restaurante.

Los invitados a un evento corporativo pueden ser tanto la fuerza de ventas como los clientes del cliente. Claramente, en el segundo caso, el tratamiento estará orientado a la fidelización del cliente y, por tanto, quizás se organice algo realmente exclusivo.

Dependiendo del presupuesto que ponga a disposición la empresa, las cosas que se pueden ofrecer son infinitas: veladas en castillos con cenas de gala especialmente preparadas, paseos en helicóptero para llegar al lugar, carreras con coches de lujo o de carreras, etc.

Las formas de entretenimiento para las veladas dedicadas a los clientes pueden variar desde el estilo clásico hasta el moderno y, de la misma forma, las actividades pueden ser más o menos exclusivas según la cantidad de dinero que tengas disponible.

Puede parecer brutal hablar así, pero el corporativo puede ir desde el tipo más exclusivo, si el cliente presta atención a la calidad, hasta el tipo más miserable, si el cliente no tiene intención de invertir.

En lugar de tener un gran evento corporativo con muchos invitados que no recordarán nada bueno porque la comida era mala, el hotel sucio o pequeño, etc., es mejor organizar un evento pequeño, pero prestando atención a cada detalle, refinado, especial, único, hecho a medida.

Al comportarte de esta forma te mantienes dentro del presupuesto acordado con tu cliente, pero también te quedas en el corazón de los asistentes al evento que hablarán de ello tan bien como para publicitar la empresa y ser súper fieles a ella.

Evidentemente, si los invitados son los empleados de una empresa, quizás con motivo de un día en familia (por lo tanto, inevitablemente muy numerosos), no se podrán hacer cosas exclusivas para unos pocos, pero la atención y la calidad deben ser las mismas.

Los empleados, así como los socios, mantienen la empresa en funcionamiento y, por lo tanto, son huéspedes muy respetados. Si se sienten mimados y bien recibidos, su productividad aumentará, y nuestros clientes ganarán más y realizarán más eventos.

Entonces, todos estamos interconectados. La forma en que administramos y tratamos a los huéspedes no es solo un trabajo del momento, es, al mismo tiempo, la mejor inversión que la agencia está haciendo en sí misma.

Tratamiento de los participantes

El trato de los participantes se establece con el cliente. Ellos deciden lo que quieren ofrecerles. ¿Hotel y arreglos de viaje? ¿Solo el evento? ¿Evento y cena? Las posibilidades son infinitas tanto para el evento que se ofrece a los participantes como para el programa social relacionado con el evento.

Por ejemplo, en ocasiones, puedes tener una actividad en equipos después de la sesión científica, y tal vez no todos quieran participar, por lo que siempre debes tener una propuesta alternativa lista.

Además, algunas personas son vegetarianas o celíacas. No a todo el mundo le gustan las mismas cosas. Si tienes suficiente presupuesto, es importante organizar diferentes situaciones/alimentos y actividades para satisfacer a cada uno o la mayoría de ellos.

También es muy importante tu atención a los niños. Si hay niños en un evento (corporativo, boda u otro), debes considerar qué les gusta hacer, qué tipo de entretenimiento podría ser mejor y qué tipo de comida es mejor para sus pequeños paladares.

Por lo general, el cáterin para niños debe ser específico. Los niños no pueden tener el mismo buffet que los adultos ni las mismas bebidas.

Gráficas e impresiones

En este apartado hay que insertar las referencias del consultor, diseñador gráfico o agencia gráfica y publicitaria encargada de la imagen estilística del evento.

Si el evento tiene muchos apoyos económicos, en lugar de un solo diseñador gráfico, contratamos una agencia real que se encarga del estilo e imagen del evento desde la invitación, el programa, el menú hasta cualquier otra forma de impresión, cartelera o póster.

Si se trata de un evento corporativo, generalmente no es necesario contar con un servicio gráfico externo, ya que el cliente tiene su oficina gráfica interna. O ya colaboran con una agencia gráfica y publicitaria, por lo que remiten el contacto para coordinarse. Si, por el contrario, necesitas organizar una boda o un evento con un presupuesto menor, entonces un diseñador gráfico independiente es una excelente opción.

La línea estilística de un evento es muy importante. Es necesario hacerlo reconocible, publicitarlo correctamente y distinguirlo de los demás.

Los hermosos gráficos atraen inmediatamente la atención del público. Además, los gráficos, o más bien el estilo establecido para un evento, se convierten en un logotipo especialmente acuñado y registrado. Por eso es muy importante que cada parte que compone el evento respete este estilo. Por ejemplo, incluso las letras deben estar escritas en papel con membrete con el estilo e imagen del evento, así como los correos que se envían y que deben contener ese logo, esos gráficos, ese estilo determinado.

En algunos casos, es posible crear un sitio web específico para el evento o enlaces o herramientas en línea para registrar participantes: estos también (sitio, herramientas en línea, etc.) deben estar siempre personalizados con los gráficos del evento.

Ni que decir tiene que la elección de la imagen de un evento y su estilo es muy importante: los elementos en los que debe basarse pueden ser múltiples según el contexto en el que se quiera ambientar el evento, el mensaje que se quiera transmitir, o la audiencia que desea atraer.

Si utilizas imágenes existentes o te inspiras en fotos, pinturas o en cualquier otra publicación, debes pagar los derechos de autor. No todo se puede utilizar: es necesario solicitar las autorizaciones necesarias.

Antes de publicar algo inspirado externamente, debes asegurarte de que no esté bloqueado por derechos de autor u otro tipo de derechos. Una vez obtenidas las autorizaciones o derechos para publicar la imagen elegida para los gráficos del evento, se puede proceder a crear los distintos productos impresos o incluso los carteles necesarios.

En el caso de campañas publicitarias o impresas, puedes comprar páginas en periódicos, revistas o en sufijos públicos específicos. Por tanto, los gráficos utilizados en la publicidad serán reproducidos en cada objeto del evento, incluso la carpeta para entregar a los participantes, el bolígrafo, el menú de la cena, la personalización del lugar con cualquier tipo de montajes o vallas publicitarias.

A veces, algunos clientes quieren que los uniformes de las anfitrionas, así como la ropa de los camareros, estén marcados con los gráficos del evento. Y es magnífico, de hecho, tener un código estilístico único, de principio a fin; esto hace que el evento sea verdaderamente especial y le da singularidad e identidad.

Por lo general, los costos del consultor de gráficos no afectan particularmente el presupuesto general. Pero si en lugar de un consultor gráfico o diseñador trabajas con una agencia gráfica y publicitaria, obviamente los costos son más altos, y esto se debe a que el trabajo que ofrece la agencia es mucho más amplio y articulado. Su labor no se limita únicamente al estilo gráfico, sino que abarca toda la parte promocional y las actividades relacionadas con ella.

Lugar de eventos

En esta sección, debes ingresar toda la información relativa al lugar elegido. Cuando elijas el lugar donde quieres organizar tu evento, intenta pensar en todas las cosas, las personas y los servicios (información general) que necesitas y escríbelos en el formulario del cliente, porque cuando estás en el evento, cuando estás en el lugar, si no te has preparado antes, no tienes tiempo para conseguir lo que necesitas.

Lo único que tienes que hacer durante el evento es disfrutar del maravilloso trabajo que has realizado y los demás lo disfrutarán contigo. La selección del sitio es muy importante; esta es la razón por la que tienes que configurar todo. Dentro y fuera.

Por ejemplo, ¿necesitas carteles de bienvenida u otra información frente al lugar? Cuando llegan los invitados, no tienen que deambular por un laberinto; necesitan señales. Realiza un mostrador de recepción y registro. Deben organizarse de manera que, cuando los invitados estén en el lugar, puedan ver exactamente a dónde tienen que ir, qué tienen que hacer en lugar de deambular. La ubicación debe ser accesible (mejor si se encuentra a lo largo de las rutas principales, de lo contrario, debe proporcionar servicios de transporte desde/hacia los aeropuertos y desde las terminales de trenes o el hotel). El lugar debe ser fácil de encontrar y estar ubicado en un área capaz de cumplir con los requisitos de clientes, participantes, ponentes, etc.

Si tienes que organizar un evento al aire libre, comprueba siempre que sea un lugar cubierto al que acudir en caso de lluvia o mal tiempo. El sitio elegido es una de las claves para realizar un evento exitoso.

No subestimes ningún problema como electricidad suficiente, situación de los baños y otras comodidades.

Por ejemplo, algunos lugares tienen la capacidad de emitir una atmósfera propicia para que el evento sea un éxito, como un ambiente relajado y confortable: el fondo del evento a menudo lo proporciona el lugar del evento, y esta atmósfera favorable se refleja en los invitados.

Ten en cuenta varios factores relacionados con la ubicación. Por ejemplo, cuando lleguen los invitados, ¿el estacionamiento será un simple problema o un inconveniente mayor? ¿A qué distancia está el lugar del evento del hotel o del destino de los invitados?

En tus pensamientos también incluye las instalaciones del lugar, como servicio de cáterin, equipo técnico, música, etc. ¿El lugar los provee o necesitas proveedores externos? ¿El lugar permite el uso de sus proveedores o debes usar tus propios proveedores? ¿La ubicación puede albergar a todos los invitados que asisten al evento? El lugar debe acomodar cómodamente a los invitados sin dar la sensación de estar abarrotado.

Asimismo, tampoco deben sentirse perdidos en un espacio de gran tamaño. Recuerda ofrecer a los huéspedes acceso rápido a salas de reuniones, centro de diapositivas (si lo hubiera), oficinas, recepción, área de comidas.

Tal vez, si hay una iglesia demasiado cerca del lugar, no se sugiere organizar un concierto ruidoso allí. Pero también un evento corporativo, si es demasiado grande, con muchos autos o camiones, puede crear problemas en un área demasiado cercana o justo enfrente de un lugar sagrado.

Es muy importante verificar si existe una plaza de aparcamiento o un área alrededor del recinto, donde se pueda organizar, por ejemplo, un espectáculo con fuegos artificiales en caso de que pienses tener este tipo de entretenimiento durante tu programa social. Este tipo de espectáculo, de hecho, podría ser peligroso. Por esta razón, si no calculas la distancia específica de los edificios/palacios alrededor, corres el riesgo de provocar un incendio o lastimar a alguien.

Por último, en esta sección del formulario del cliente escribe incluso si la ciudad es pequeña o grande, o algún detalle en particular que creas que podría ser útil. Quizás estos detalles puedan parecer tontos o inútiles. En caso de que los borres o haya información que no uses: es mejor tener más información que menos porque hasta todos los pequeños detalles pueden ser importantes.

Equipo técnico

En esta sección, debes ingresar los detalles del equipo técnico que requieres.

El servicio de sonido y visual puede contribuir a crear un evento impresionante, increíble y memorable, difundiendo y perdurando la emoción de comodidad, relajación o emoción. Esta es la razón por la que debes prestar atención a los enchufes eléctricos. Son esenciales para iluminación, computadoras y cualquier tipo de equipamiento técnico. Si hay un programa social, tal vez con una banda o música en vivo, por ejemplo, este entretenimiento requiere un escenario sobre los enchufes eléctricos. Además, las empresas de cáterin también necesitarán un arado con un mínimo de 16 amperios para el frigorífico, camión, etc.

Cáterin

En este apartado tienes que introducir toda la información relativa al cáterin que has elegido.

A veces hay dos o tres cáterin diferentes involucrados en un evento, porque uno es para el lugar de la reunión, uno para el lugar de la noche, otro para un programa social diurno.

Escribe aquí los datos y detalles de cada uno. Después de todos los eventos, lo que la gente recuerda es, en primer lugar, si el cáterin fue bueno. Si tus invitados comen muy bien, estarán felices y tu evento será un éxito. La gente está dispuesta a perdonar una mala reunión, pero no un mal cáterin. El cáterin es una de las opciones más importantes a la hora de planificar un evento. La tipología del menú, la calidad y el servicio (servicio alto o bajo) marcan la diferencia. Cómo te comportas con una persona siempre marca la diferencia.

Cada buffet o comida debe incluir alternativas dietéticas porque muchas personas son veganas o vegetarianas, algunas pueden tener problemas de diabetes, etc.

Por lo general, cada cáterin proporciona platos para un buffet, así como bebidas y utensilios para cocinar y servir platos.

El comportamiento de los camareros y camareras también es de fundamental importancia. Todo el mundo, incluido tú, tienen que sonreír y ser siempre educados.

Cuando solicites una oferta para un servicio de cáterin, habrá diferentes opciones de menú y elegirás la que creas que es la mejor. Presta atención a los equipos como platos, vasos, vajillas, etc. No subestimes ningún detalle. Debes considerar todo con cuidado.

El cáterin debe poder proporcionar comida también para un pequeño excedente de personas que puedan llegar a la cena incluso si no se esperan. El cliente puede invitar a alguien y olvidarse de decírtelo. Algunos invitados pueden traer un acompañante inesperado. Esta diferencia no se puede calcular antes del evento, pero tu cáterin debe estar preparado para afrontar el excedente. Por supuesto, en un porcentaje acordado (normalmente el 10% o el 20%).

Proveedores adicionales y personal

En esta sección, debes ingresar todos los servicios que se pueden requerir como extras: flores, fotos, video, porteros, seguridad, etc.

Las **decoraciones**, por ejemplo, serán diferentes en cualquier evento: depende del arreglo que quieras hacer, del número de personas, etc. ¿En la sala de reuniones? ¿En el lugar de la noche? ¿En todas partes?

Las decoraciones son importantes si deseas inspirar una emoción particular o si deseas enfatizar la importancia del evento.

Las decoraciones, por supuesto, también pueden ser pancartas patrocinadas, tu pancarta, enrollables, todo lo que puedas usar para el próximo año y más.

El color debe hacer referencia al color del cliente o a la marca del patrocinador, aunque sean simples centros de mesa.

En lugar de **flores**, puedes usar frutas o cintas. Si no quieres dar un sentido de formalidad, las frutas son mejores que las flores. Ambos tienen la gracia necesaria para decorar hermosas mesas de buffet.

Puedes colocar pancartas en las mesas y también puedes colocar decoraciones en las puertas de entrada. En lugar de un panel horrible, puede usar plantas para ocultar paredes feas o, si es necesario, para separar una parte de la habitación de otra. Las flores y las plantas dan elegancia y enriquecen el ambiente.

Cuando elige un florista, debe ser un florista experimentado. Nunca hagas tú las decoraciones o arreglos florales. Los arreglos florales se pueden alquilar. No duran mucho, por lo que, si tu evento demora más de un día, debes cambiarlos todos los días o, al menos, sustituir los que están marchitos.

¡Lo más importante para celebrar un evento y también para guardar un recuerdo para ti y tu cliente son las **fotos**!

Las fotos son importantes porque, en el futuro, puedes usarlas para promoción. Son un archivo de los eventos que se han realizado; pero también son buenos regalos para los invitados: por ejemplo, los retratos de los invitados presentes en hermosos marcos.

El precio depende del número específico de sesiones de fotos y de cuántos días de trabajo (un día, una tarde, dos días, etc.). Por ejemplo, si el evento es un evento de ciclistas de carretera y el fotógrafo tiene que seguir a los participantes, por supuesto, el precio es más alto. En este caso, también hay que tener en cuenta las comidas y los arreglos del hotel para el fotógrafo y, al menos, para un asistente que tiene que conducir el automóvil para seguir a los participantes en sus bicicletas.

Además de las fotos, los **videos** también son muy útiles. Pueden ser un producto que, especialmente estructurado, es utilizado por el cliente como promoción, representando los momentos más importantes del evento con sus invitados.

El video se puede proyectar durante la noche; puede tener un valor comercial o emocional. Depende del objetivo que quieras conseguir.

El costo de un operador de video depende, al igual que el del fotógrafo, de cuántos días tienen para trabajar. También depende de si necesitan o no un asistente. Si se trata de un evento que se lleva a cabo en un solo lugar o en varios lugares. Si necesitas música de fondo y, por tanto, tienes que pagar y solicitar derechos de autor. Tanto el fotógrafo como el operador de video traen consigo todo el equipo necesario.

Siempre debes confiar en profesionales porque el nivel y la calidad de las fotos y videos son muy importantes.

Antes de un evento, es necesario realizar una sesión de información con el fotógrafo y el operador de video en el que también participa el cliente, para que ambos puedan comprender exactamente el uso de su producto y, por lo tanto, tomar fotos y videos enfocados al propósito.

Una boda no es un evento corporativo, por lo que las fotos de los novios y sus familiares ciertamente no tienen valor comercial, como pueden ser las de clientes, invitados, oradores. Está claro que, en función del tipo de evento, la banda sonora que se utilizará en el video producido para la ocasión también será completamente diferente.

La elección de imágenes, colores, fondos: todo se hace teniendo en cuenta el tipo de evento y el uso del video o fotos después del evento.

Entre los proveedores adicionales no te olvides de los **asistentes de estacionamiento** (si los eventos son grandes, quizás debas esperar muchos autos, los cuales también podrían ser requeridos) y la **seguridad**.

En cada evento, en el lugar, debe haber personal encargado de la seguridad de todos los participantes que asistan. Por supuesto, la seguridad también debe garantizarse mediante monitores u otros elementos.

Los monitores pueden evitar problemas cuando en el evento hay celebridades o políticos. En el caso de un concierto, la seguridad debe ser adecuada: el número de personal a cargo debe ser proporcional a las situaciones de hacinamiento.

La seguridad adecuada, como la dotación de personal adecuado, depende del número de invitados que se espera. Por ejemplo, anfitrionas, técnicos, intérpretes.

En la puerta de entrada del recinto, es importante dar la bienvenida a los participantes. Si el evento es un concierto, necesitarás seguridad. Si el evento es un congreso o una reunión corporativa, necesitarás anfitrionas. Toda anfitriona debe ser muy atractiva, pero también inteligente.

Las anfitrionas son muy importantes porque garantizan el avance del evento. Ayudan a subir a la gente a los autobuses y a contarlos, para no dejar a nadie a pie. Dan información sobre las sesiones de trabajo e indicaciones sobre dónde se encuentran la sala de reuniones, el baño, la recepción, la zona de almuerzo, etc.

Una anfitriona bien preparada puede marcar la diferencia en comparación con una muy atractiva pero incapaz de usar el cerebro. Cada anfitriona debe hablar al menos un idioma extranjero, debe ser educada y no debe masticar chicle mientras trabaja. Las anfitrionas deben tener siempre en regla el esmalte de uñas y el cabello, absolutamente limpio y preferiblemente atado.

Deben tener un porte elegante. No tienen que ser serviles, pero siempre amables, y no tienen que usar zapatos altos, sino un tacón correcto, porque se paran muchas horas y se les cansan las piernas. Una anfitriona con piernas cansadas caminará como un maniquí y se verá ridícula. Deben tener un maquillaje suave y todas deben tener el mismo color de lápiz labial.

En algunos eventos, además de las anfitrionas, también se necesitan modelos. No tienen que hacer nada que hagan las anfitrionas, sino que solo sirven como chicas de imagen, por lo que tanto la ropa como los zapatos dependen de la situación en la que se les requiera. Tanto las anfitrionas como las modelos deben comportarse de forma amable y correcta, sin guiños, sin vulgaridades, sin actitudes que puedan dar lugar a malos entendidos. Deben seguir al pie de la letra las instrucciones que se les den.

No pueden ser de baja estatura. La altura es un requisito básico tanto para anfitrionas como para modelos. No hace falta decir que la piel también debe estar luminosa y cuidada: no hay anfitrionas con espinillas y mucho menos modelo.

Si tuvieran alguna, el maquillaje debe hacerse artísticamente para cubrir cualquier impureza, corregir las ojeras, hacer que el rostro esté siempre soleado, descansado y brillante.

Por el contrario, el personal interno de la agencia —por eso también debe ser educado, limpio, etc. — no tiene por qué ser «una florecita» ni tener cierta altura o peso. No importa la edad: lo que importa es que sea un profesional del más alto nivel, una persona con los nervios sólidos y una gran confianza.

El equipo con el que trabajas antes, durante y después de un evento es esencial: debe tener una gran resistencia física porque los eventos a menudo requieren horas agotadoras y nunca debe perder los estribos. Ni siquiera cuando están muy cansados.

Para cada evento, necesitas una persona a cargo de:

- Patrocinadores
- Participantes
- Invitados y ponentes
- Proveedores

El día del evento, por supuesto, debes llegar antes que los demás para que puedas comprobar que están todos los miembros de tu personal y tus proveedores. También tienes que comprobar que todo el equipo electrónico funciona bien y que todo está organizado según tu decisión.

Si algo no está en orden, solo si llegas antes que los demás tendrás el momento adecuado para solucionar cualquier problema que pueda surgir.

Cuando comienza el evento, todo debe estar perfecto. Es el momento en que te relajas y ves que la «máquina» funciona.

Cada persona debe ser informada al menos dos días antes del evento. El escrito debe ser preciso y absolutamente incisivo. Tu personal y tus proveedores (**recuerda**) son tus brazos: si tu mente piensa de una manera y tus brazos se mueven de otra, ¡estás atascado!

Nadie tiene que hacer lo que quiere si va en contra de los acuerdos/reuniones informativas que establecieron. Cada persona de tu personal, como cada anfitriona o proveedor, debe hacer lo que tú y ellos planearon y acordaron juntos.

Tu personal y tus proveedores no solo serán tus brazos sino también tu boca: serán tu rostro (piensa en las anfitrionas en la recepción, por ejemplo, cuando dan la bienvenida a tu cliente o los participantes).

Esta es la razón por la que todos debemos ser como si fuéramos una sola persona: sonrientes y amables pero profesionales y precisos. Deben entender perfectamente tu sesión de información: tienes que crear un equipo, y existe un equipo cuando todos mantienen su individualidad, pero en perfecta armonía con los demás. Cada uno debe poder apoyar a los demás en cualquier momento si es necesario. El mismo objetivo, las mismas pautas para alcanzarlo.

Estos consejos son muy importantes porque el evento es la combinación de todos estos factores y la unión es la base: todos se fortalecen y también se animan. El trabajo se vuelve divertido, apasionado, interesante si todo el mundo lo hace de esta forma.

Si todos saben exactamente lo que tienen que hacer y saben lo que harán los demás (proveedores, personal, cáterin, hotel, etc.), se sentirán seguros de sí mismos y todo saldrá bien.

Tienes que crear esta situación con tu equipo y con tus proveedores antes del evento, porque, si no, no tienes tiempo para hacerlo en el sitio.

Un evento es una máquina: cada parte tiene que funcionar en sincronía con las demás. Y si eres capaz de hacer todos estos pasos antes del evento, durante el mismo, todo será tan perfecto que no tendrás nada que hacer, salvo verificar que la «máquina» funciona y que todo marcha exactamente como lo planeaste. Pero cuidado: nunca subestimes que siempre pueda pasar algo malo.

Por ejemplo, algunas personas podrían llegar tarde o podrían haber perdido su vuelo o el tren. Otros podrían tener una enfermedad repentina o un ataque cardíaco durante tu evento; un anciano puede caerse y lastimarse, etc.

Todo puede suceder cuando reúnes a tantas personas en el mismo lugar y al mismo tiempo. De todos modos, y, en cualquier caso, pase lo que pase: ¡NO ENTRES EN PÁNICO!

Siguiendo los pasos de este libro, siempre sabrás qué hacer, porque siempre estarás preparado para enfrentar cada situación y cada desafío. Sí, desafío, porque **los obstáculos** (si los hay) **se convertirán en un desafío para ti.** Solo serán una pequeña montaña para escalar.

Por esta razón, debes ser el primero en dar un buen ejemplo: cuando estés en el lugar, en cualquier situación a la que te enfrentes, no habrá ningún formulario que te ayude sino solo tu habilidad más importante: mantener la calma.

Cuanto más tranquilo estés, mejores resultados obtendrás y tu personal también.

Promoción

Una campaña publicitaria eficaz asegura que tu evento sea visto, leído y percibido por tantas personas como sea posible. Una buena oficina de prensa te permite contar con los periodistas más importantes y útiles para tu evento.

La promoción debe ser dirigida o ampliada; depende del tipo de evento que tengas que organizar. Si es un evento cerrado, como un evento corporativo, es decir solo por invitación, fuerza de ventas o clientes invitados, la promoción debe gestionarse a través de la gestión de invitados.

Si por el contrario se trata de un concierto o un evento abierto al público en general, entonces la publicidad y la oficina de prensa, pero también las vallas publicitarias y otras formas de información, son fundamentales.

Por ejemplo, un evento político puede estar parcialmente abierto al público en general y, por tanto, puede requerir una doble forma de promoción, es decir, tanto la dirigida a invitados y ponentes como la abierta al público.

En todos los casos, tener un objetivo claro de personas a las que debe referirse el evento permite elegir la forma de promoción adecuada.

No olvides que la promoción también involucra sitios web relacionados con el evento, redes sociales e incluso redacción de blogs. En otros casos, es muy común utilizar programas de correo electrónico para enviar información a los invitados, además de la producción de carteles o folletos.

Puedes considerar otros materiales promocionales, y no solo los sugeridos aquí, porque todo tipo de invitaciones son imprescindibles tanto cuando son para todos como cuando son solo para un número específico de personas invitadas a asistir.

Por lo general, las invitaciones se envían por correo electrónico y/o los sobres por correo (más raramente). La calidad del papel elegido, así como las fuentes, tienen un gran impacto en las personas. Algunas personas piensan que puede comprometer o aumentar la asistencia.

Las invitaciones deben enviarse a más tardar tres meses antes del evento. A veces, se necesita más tiempo y depende del tipo de promoción elegida para el evento.

Las invitaciones deben incluir folletos o programa y un formulario para RSVP (*Répondez S'il Vous Plaît*).

En los capítulos cinco, seis y siete de este libro, hay algunos ejemplos de invitaciones para diferentes tipos de invitados/participantes/oradores/patrocinadores. A continuación, se muestra un formulario muy útil para resumir las listas de correo a las que hay que enviar las invitaciones.

El resumen de la lista de correo

Lista de nombres	Cantidad (en la lista)	Tipología	Cantidad en entrega	Entrega	Costos totales
Total					

Programa social y obsequios

En esta sección, debes insertar el programa social con referencia a todas las actividades para entretener a los participantes. Pueden ser actividades en equipo, cenas, excursiones en la ciudad o en un bosque (actividades deportivas), un viaje en cuadriciclo. La lista es interminable.

El programa social es la parte más divertida de un evento. Por ejemplo, si organizas una cena de gala, primero debes asegurarte de que el lugar sea hermoso. Esto determina el 50% del éxito. Luego, que el cáterin sea excelente: otro 50%. El resto es un valor añadido que determina tu singularidad: por tanto, los arreglos florales, el personal de recepción, los aparcamientos, etc.

No dejes fuera ningún detalle. Por ejemplo, un escenario en el que el presidente del evento debe subir para el discurso de bienvenida o equipos técnicos como sistema de sonido y luces en el escenario: todo esto son cosas esenciales y debes tener en cuenta la capacidad de la sala.

Si usas el sistema de sonido incorrecto, cualquiera que se siente al final de la habitación no escuchará nada. Obviamente, tanto la sala como el escenario deben estar acondicionados con el logo del cliente para el uso de paneles, pancartas o carteles.

Si hay entretenimiento durante la noche, es necesario adaptar tanto el escenario como el equipo técnico. Por ejemplo, si tienes una banda que toca en vivo, necesitas equipo y luces. Pero si tiene un grupo de acróbatas que deben realizar presentaciones aéreas en lugar de en el suelo, necesitas el equipo adecuado.

Si, por el contrario, tienes magos itinerantes entre las mesas, caricaturistas u otras formas de entretenimiento que no impliquen arreglos particulares, entonces el escenario y equipamiento técnico solo son necesarios para el cliente y las presentaciones o discursos que pretendan realizar.

Si hay niños por la noche, se debe proporcionar un animador o quizás más de uno (depende del número de niños). Aún mejor es si también puede proporcionar un artista de maquillaje y, por qué no, un payaso.

El menú debe elegirse específicamente tanto para adultos como para niños, exactamente como ya hemos dicho en el apartado de cáterin. Como recordarás, entre los adultos puede haber vegetarianos, veganos o celíacos; incluso los niños tienen sus necesidades y hay que tenerlas en cuenta.

Si, como alternativa a una cena de gala —quizás al día siguiente para un evento que dure varios días—, quieres organizar un recorrido por los viñedos y una degustación de vinos y quesos típicos, elige el mejor productor de la zona.

La ubicación debe ser muy característica, posiblemente con barriles históricos y patios o jardines que la hagan fascinante. Hay casos en los que el programa social es diferente para hombres y mujeres, o simplemente tienes dos alternativas diferentes para elegir.

Esto suele ocurrir si se trata de un programa social diurno. Por ejemplo, si organizas un curso de supervivencia como una actividad en equipo y, en paralelo, una visita histórico-artística a la ciudad o un tour gastronómico y enológico con compras, probablemente los hombres elijan el curso y las mujeres optarán por la visita. Pero quién lo puede asegurar. Hay mujeres que prefieren las actividades deportivas y hombres que aman el arte.

En cualquier tipo de programa social, sin embargo, debes pensar cuidadosamente en todo lo que necesitas. Por ejemplo, el tipo de ropa que necesitas recomendar, si necesitas proporcionar herramientas especiales como zapatos de gimnasia o cuerdas (por ejemplo, para el curso de supervivencia).

También debes pensar en los diferentes niveles de cursos que se ofrecerán, comenzando por el más bajo. Para las noches, hay que tener en cuenta que las señoras, en particular, llevarán abrigos o chales porque quizás vistan ropa ligera durante la cena, pero luego deben cubrirse cuando salen a la calle. Por tanto, siempre es necesario disponer de un guardarropa equipado y con personal capacitado. El número de perchas, así como el número de anfitrionas en el guardarropa, depende de la cantidad de personas que asistan a la cena o, en general, al evento, y si es un programa al que hay que asistir incluso durante el día.

El transporte de personas también es importante. Si todos van a ir a la cena en su automóvil, debes proporcionar un número adecuado de asistentes de estacionamiento y, sobre todo, debes asegurarte de que haya un estacionamiento que pueda contener la cantidad de automóviles que esperas.

Si, por el contrario, se organizan autocares privados para recoger a los huéspedes en el hotel, por ejemplo, y luego traerlos al final de la noche, debes asegurarte de que los autobuses tengan el número exacto de asientos según tu número de invitados.

También debes tener al menos una anfitriona por cada bus que se encargará de contar a las personas cuando suben al bus y, en el viaje de regreso, se encargará de contarlas nuevamente, para asegurarse de que nadie se quede a pie. En algunos casos, puede ser útil tener una lista nominal de quienes usan el autobús privado.

Las anfitrionas que trabajan por la noche deben usar, al igual que durante el día, un uniforme, pero el de noche es diferente al del día.

Generalmente, lo más recomendable es un traje. También puede ser un vestido largo si es una cena de gala. En este caso, los zapatos deben tener tacones altos. El cuidado y la atención a la imagen son fundamentales para hacer elegante cualquier evento y se reflejan en estas pequeñas cosas.

Las anfitrionas también deben tener el mismo color de esmalte de uñas y pintalabios, tanto durante la noche como durante el día. El cabello posiblemente atado, pero no con la cola: si llevan un vestido largo, el cabello debe estar recogido como una reina. Lo mismo ocurre con el personal de la agencia. Si el tamaño del personal lo permiten, la ropa con vestido largo y tacones para la cena de gala es perfecta. Si el tamaño del personal de la agencia no es adecuado para un vestido largo, entonces el vestido está bien.

Para el cabello es válido lo que se recomienda con las anfitrionas, pero —si el personal de la agencia no usa el vestido largo— entonces el cabello se puede dejar suelto, quizás atado a una cola. Es decir, no hay necesidad de peluquera como lo es para las anfitrionas.

Hay muchos ejemplos de programas sociales diurnos o nocturnos, ya que hay muchas actividades que se pueden organizar para entretener a la gente. Por ejemplo, competencias con autos deportivos, un paseo en globo aerostático o incluso actividades en la playa y cócteles junto a la piscina. Evidentemente, lo que determina la elección de un programa social en lugar de otro es el presupuesto. Todo depende de cuánto pretenda invertir el cliente en actividades de ocio.

Por eso, en base al programa social elegido, debes evaluar a todos los proveedores y a todas las personas que necesitas para que esto suceda.

El programa social, de hecho, es un evento dentro de un evento. A veces es la parte más emocionante. Generalmente, si se proporcionan obsequios, se distribuyen durante el programa social.

En la recepción diurna, cuando los participantes se registran en el evento, se les entrega un kit que contiene un bolígrafo, una lista de las actividades con horarios y lugares, un bloc de notas, y folletos de diversa índole, relacionados con los temas que serán tratados durante el congreso/reuniones en las distintas jornadas científicas y/o comerciales.

Durante la noche, sin embargo, hay verdaderos regalos. Pueden ser de diferentes tipos. Si los invitados que participan en la cena son clientes de tus clientes, puedes pensar en realizar placas nominales especialmente grabadas con el logo de la empresa representada por el invitado. Cada placa debe ser un trabajo único, por lo que es un regalo caro. Por lo general, es más barato, pero no menos hermoso personalizar un producto existente.

Por ejemplo, una botella de vino o un chal (para distinguir un regalo apto para hombres y otro apto para mujeres). Elegir un regalo es muy importante. Por ejemplo, con motivo de las jornadas familiares, se pueden producir camisetas para niños, pelotas para los más pequeños, flores para las damas y corbatas para los hombres.

Evidentemente, todos estos productos deben ser de marca, lo que significa que deben estar personalizados con el logo del cliente y posiblemente también con los colores de la empresa que encargó el evento.

En otros casos, el obsequio puede ser, en cambio, el recuerdo del propio evento y, por tanto, como hemos indicado en el apartado dedicado a las fotos, un retrato enmarcado. En este caso, el obsequio se enviará después del evento: es una manera de realizar una posterior acción de mercadotecnia sobre los participantes que, en cuanto reciben la foto, recuerdan el buen momento que pasaron en el evento.

Pero, si este retrato quiere ser entregado en el acto, tal vez una caricatura sea más adecuada que un retrato: hoy están los caricaturistas de I-pad que dibujan al invitado y envían el dibujo directamente por correo electrónico a su dirección de correo. Obviamente, si el huésped está satisfecho y da su dirección de correo. De lo contrario, el caricaturista realizará un dibujo tradicional sobre cartón que se puede regalar al instante.

Luego están los obsequios importantes que están dedicados solo a un número limitado de invitados y que no se distribuyen en la velada ni públicamente, podría ser el caso de una licorera hecha por un diseñador importante, etc.

Por otro lado, existen obsequios menores que se denominan «obsequios de bienvenida», es decir, aquellos que se quedan en la habitación del hotel para recibir al huésped cuando llega. Se trata de bombones, flores o frutas, pero siempre con cajas personalizadas con el logo del cliente.

Junto con el obsequio de bienvenida en la habitación del hotel, también debes colocar una carta de bienvenida que es un resumen del vale (ver el ejemplo en los siguientes capítulos). La carta de bienvenida sirve para dar la bienvenida al huésped, pero también, y, sobre todo, para recordarle todos los puntos de encuentro: horarios, lugares, actividades.

CAPÍTULO 3:

LA PROPUESTA

E l segundo paso operativo es la **propuesta**.

Cuando tu formulario del cliente esté perfectamente lleno, tienes todos los elementos a tu disposición para elaborar una maravillosa propuesta para tu cliente. Aquí encontrará el frontispicio que contiene los cuatro puntos principales en los que debe estructurarse.

La propuesta debe ser cautivadora, precisa, breve y clara.

PROPUESTA PARA LA ORGANIZACIÓN

De

CONFERENCIA NACIONAL/CONGRESO/REUNIÓN

Lugar

Mes, día/s, año

♦   INTRODUCCIÓN

♦   PRESENTACIÓN DEL PLAN

♦ DESCRIPCIÓN EL EVENTO (PRUEBA)

♦ SOLUCIONES SUGERIDAS Y ESTIMADAS

No puedo escribir aquí un ejemplo de propuesta completa, porque depende de lo que quieras ofrecer, lo que solicite el cliente, si las ubicaciones requeridas están disponibles o no, etc. Pero puedo sugerirte cómo organizar el contenido de tu propuesta:

1. En la **introducción**, tienes que escribir los motivos: por qué eliges una ubicación, un hotel, un cáterin, etc.

2. En la **presentación del plan**, debes describir el evento en detalle, incluyendo la hora de llegada de los invitados, el inicio de la reunión/conferencia/boda/etc. Por supuesto, solo serán plausibles, pero deben ser lo más reales posible.

3. En la **descripción del evento,** utiliza el formulario del cliente y te ayudará a escribir el texto.

4. En las **soluciones sugeridas y estimadas,** debes enumerar los proveedores elegidos, explicando qué harán y por qué, cómo has realizado el presupuesto y por qué.

Presta atención

Cuando escribes una propuesta tienes que pensar como si fueras un participante, luego como si fueras un invitado, luego un cliente y, por último, pero no menos importante, debes pensar como si fueras un proveedor (de lo contrario no puedes entender los problemas, si los hay, que tus proveedores pueden costear, y te arriesgas a pedirles algo que no es posible. Si te equivocas en un requisito a un proveedor, corres el riesgo de arruinar el evento).

Es decir, tienes que ponerte en la piel de todos los implicados en el evento que vas a organizar: el cliente, los participantes, los invitados, los ponentes, los proveedores, etc.

Solo así podrás predecir lo que sucederá. Un administrador de eventos perfecto siempre sabe lo que puede suceder o intenta saberlo tanto como sea posible.

No significa tener una bola de cristal donde poder ver el futuro, sino que, con los instrumentos adecuados, puedes preparar todas las cosas con la certeza de que serán exactamente cómo quieres.

De esta forma, puedes evitar errores o reducirlos al mínimo (si los hay). Eres el intermediario entre los sueños y la realidad de tu cliente. Puedes compartir sus sueños y eres el único que puede transformarlos en realidad.

Si los sueños de tu cliente son imposibles, es decir, increíblemente altos como meta a alcanzar, entonces hazlos posibles. Nada es tan complicado que no se pueda lograr. Siempre hay una solución para todo.

Pero, ten cuidado, si los sueños de tu cliente son irreales, porque se basan en cosas que no son alcanzables tanto por razones de tiempo como de dinero, entonces debes guiarlo hacia un camino correcto que le permita realizar el mejor evento posible, pero teniendo en cuenta su plan/deseo inicial.

La propuesta es la forma de llevar a tu cliente al mejor evento que se pueda realizar. Esta es la razón del porqué, si sigues los cuatro puntos mencionados anteriormente, puedes elaborar un plan perfecto. Pero recuerda que, para procesar el cuarto punto (el presupuesto), en primer lugar, debes solicitar un presupuesto a tus proveedores para ver si el evento es posible o no y, sobre todo, si el costo es accesible o no se adapta al presupuesto que tu cliente tenga disponible.

En el siguiente capítulo encontrarás algunos ejemplos muy útiles de cada tipo de solicitud para el lugar, el equipamiento técnico, etc.

CAPÍTULO 4:

LA SOLICITUD

E l tercer paso operativo es la **solicitud**.

Es muy importante porque si la solicitud es exhaustiva, tu proveedor será guiado de buena manera y podrá responder a todas tus preguntas en poco tiempo. Si no es preciso, tu proveedor no comprenderá lo que deseas y no podrá responder adecuadamente.

Para evitar enviar un correo electrónico repetidamente a un proveedor para obtener toda la información que necesitas, es mejor escribir la primera solicitud con mucho cuidado. Eso sí, si se confirma el evento, la correspondencia con los proveedores involucrados será mucha.

Por favor, nunca tires nada hasta el final del evento, y tal vez ni siquiera unos meses después del final del evento. Todo puede ser útil en caso de conflicto o si tienes que resumir todos los detalles en un acuerdo o en un contrato.

Antes de firmar un contrato, tanto con el proveedor como con el cliente, la correspondencia puede ser importante si hay algo que no está claro o no está bien especificado.

En las siguientes páginas, encontrarás ejemplos de algunas solicitudes básicas pero importantes, explicadas en todos los detalles.

a) El lugar

b) La ubicación de la velada

c) El transporte

d) El restaurante

e) El cáterin

f) El hotel

g) El equipo técnico

Ejemplo: solicitud de un lugar

Nombre del evento

Fecha

Sitio

A la amable atención de

Estimado señor. _____,

Como Secretaría Organizadora de la _____ en el tema, le pido una opción y un presupuesto sobre el uso de las áreas de _____, de la siguiente manera:

- Preparación el _____ de la tarde (de 14.00 a 19.00 horas).

- Conferencia _____ por la mañana (de 8.00 a 14.00 horas).

- Desmontaje el _____ al final de la Conferencia.

Lista de las áreas necesarias:

- 1 salón con capacidad para _____ personas (especificar qué equipos técnicos están incluidos en los costos de alquiler de las áreas).

- 1 salón para la cena de gala para aproximadamente _____ personas a las 20.30 horas.

- 1 salón para desayunos y descansos.

- Área para secretaria y punto de recepción.

- Área para el podio (por favor especifique la amplitud, mínima y máxima, a la que puedo disponer).

- Armario (especificar si ya existe un punto equipado o si tenemos que acondicionar un recibidor lo suficientemente amplio, y si facilita o no el personal).

- Posible zona de aparcamiento.

Sumado a lo mencionado anteriormente, le pregunto también si puede darme los nombres de las personas remitentes a las que suele solicitar los servicios aquí mencionados, y quiénes de estos proveedores serán de uso obligatorio si se lleva a cabo la Conferencia en su establecimiento.

- Servicio de cáterin

- Equipo técnico

- Cartel de preparación y publicidad

- Florista

- Firma de porteros

- Empresa de traslados (buses y autos privados)

Le agradeceré que me envíe un **presupuesto** de los costos de los espacios antes mencionados a más tardar el _____, especificando también si la limpieza de las áreas está incluida o no en los costos de alquiler.

Tan pronto como reciba esta información, la enviaré al cliente y organizaré una posible investigación del lugar a tiempo.

Necesito por favor también:

- SU POLÍTICA DE CANCELACIÓN

- SUS CONDICIONES DE PAGO

Quedaré a su disposición para cualquier aclaración.

Atentamente,

Para la Secretaría Organizadora.

Ejemplo: solicitud de una ubicación nocturna

Nombre del evento

Fecha

Sitio

A la amable atención de

Estimado señor. _____,

Como Secretaría Organizadora de la _____ en materia, le pido **una opción y un presupuesto** sobre el uso de _____, de la siguiente manera:

- Preparación _____ por la tarde (de 14.00 a 19.00 horas).

- Cena de gala el _____ a partir de las 20.00 horas hasta las 00.00 horas.

- Desmontaje al final de la cena.

Además, le pregunto también si puede darme los nombres de las personas remitentes a las que suele solicitar los servicios aquí mencionados o cualquier otra información.

Por último, me gustaría saber qué proveedores son obligatorios si la Conferencia se lleva a cabo en su establecimiento.

- Servicio de cáterin.

- Florista.

- Guardarropa.

- Posible estacionamiento (especificar si está presente o ausente).

Estaré encantado si me puede enviar un presupuesto de los costos de los espacios antes mencionados a más tardar el _____, **especificando también si la limpieza de las áreas está incluida o no en el costo del alquiler.**

Tan pronto como reciba esta información, se la enviaré al cliente y le daré mi confirmación a tiempo.

Necesito por favor también:

- SU POLÍTICA DE CANCELACIÓN

- SUS CONDICIONES DE PAGO

Quedaré a su disposición para cualquier consulta.

Atentamente,

Para la Secretaría Organizadora.

Ejemplo: solicitud de transferencia

Nombre del evento

Fecha

Sitio

A la amable atención de

Estimado señor. _____,

Como Secretaría Organizadora de la _____ sobre el tema, le pido alguna información sobre el posible uso de sus autobuses.

Transferencia de _____ a _____, a las _____ aprox.

Transferencia de _____ a _____, a las _____ aprox.

Informándole que para la Manifestación está prevista la presencia de unos _____ participantes, además de ellos también están los acompañantes que formarán parte del programa de visitas _____.

Le pido amablemente **un presupuesto y una opción** sobre el uso de sus autobuses de la siguiente manera:

a) Bus para aproximadamente _____ (cantidad) personas (para acompañar a los ponentes y al presidente de la Conferencia, anticipando el traslado a las _____ h para evitar un posible solapamiento con el de los participantes, es decir a las 14:30 h) y _____ (cantidad) autobuses para aproximadamente _____ personas.

b) Bus para aproximadamente _____ (cantidad) personas (para acompañar a los ponentes y al presidente de la

Conferencia, anticipando el traslado a las _____ h para evitar un posible solapamiento con el de los participantes, es decir a las 14:30 h) y _____ (cantidad) autobuses para aproximadamente _____ personas.

c) Bus para aproximadamente _____ (cantidad) personas (para acompañar a los ponentes y al presidente de la Conferencia, anticipando el traslado a las _____ h para evitar un posible solapamiento con el de los participantes, es decir a las 14:30 h) y _____ (cantidad) autobuses para aproximadamente _____ personas.

Además, le pido amablemente alguna información operativa, es decir:

1) ¿Es posible detener el autobús para _____ personas frente al hotel para que los pasajeros puedan subir y bajar fácilmente del mismo?

2) En cuanto a los autobuses para _____ personas, ¿es posible detenerlos en la plaza _____ para que los pasajeros suban y bajen de ellos? ¿O sugiere otro lugar?

3) En caso de que se solicite un permiso particular para la parada, ¿puede asegurarme que lo proporcionará?

4) En el tablero del autobús, necesitamos colocar una señal de tráfico útil para los pasajeros, con el título de la Conferencia. ¿Lo proveerá?

5) ¿En qué lugar deben aparcar los autobuses en _____? Tenga en cuenta la edad media de la mayoría de los participantes, por eso necesitamos un área de estacionamiento lo más cerca posible.

Le agradeceré que me envíe una **estimación** de los costos del equipo antes mencionado a más tardar el _____. Tan pronto como reciba esta información, la enviaré al cliente y organizaré una posible investigación del lugar a tiempo.

Necesito por favor también:

- SU POLÍTICA DE CANCELACIÓN

- SUS CONDICIONES DE PAGO

Quedaré a su disposición para cualquier aclaración.

Atentamente,

Para la Secretaría Organizadora.

Ejemplo: solicitud de un restaurante

Nombre del evento

Fecha

Sitio

A la amable atención de

Estimado señor. _____,

Como Secretaría Organizadora del evento en cuestión, le pido un **presupuesto** sobre una cena en su restaurante para _____ **personas el** _____ **mes** _____.

La gente debe sentarse en conjunto en una **habitación única**.

La cena debe **servirse en la mesa**.

El menú debe ser el mismo para todas las personas.

El menú debe incluir comida (*núm.* _____ *platos, por ejemplo, 1 entrada, 1 plato principal y 1 postre*) y bebidas (*vino, agua, 1 taza de café para cada persona*).

El costo del menú debe ser por persona.

El costo debe incluir impuestos e IVA.

Si no es _____ POR FAVOR ESPECIFIQUE cuánto es el IVA, cuánto son los impuestos.

NECESITO UNA OPCIÓN HASTA _____ **fecha / día / mes / año.**

¿Podría mantener la opción de cenar hasta esa fecha?

Dentro de esa fecha, puedo confirmar o cancelar la cena.

Necesito por favor también:

- SU POLÍTICA DE CANCELACIÓN

- SUS CONDICIONES DE PAGO

Le agradeceré que me envíe un presupuesto de los costos de la cena antes mencionada lo antes posible.

Quedaré a su disposición para cualquier aclaración.

Atentamente,

Para la Secretaría Organizadora.

Ejemplo: solicitud de cáterin

Nombre del evento

Fecha

Sitio

A la amable atención de

Estimado señor. _____,

Como Secretaría Organizadora de la _____ en el tema, te pido **una opción y un presupuesto** de los siguientes servicios:

- _____, preparación por la tarde (de 14.00 a 19.00 horas), cena de gala a las 20.30 horas (lugar por establecer: _____).

- 1 descanso para el café para _____ personas durante la Conferencia el _____ de la mañana (aproximadamente a las 10.30/11.00 a.m.).

- 1 almuerzo para _____ personas durante el Congreso _____ por la mañana (alrededor de las 13.00/13.30 horas).

- Preparación de cáterin en el lugar de la Conferencia (a establecer: _____) para predisponer en la tarde el _____ y entrega de alimentos, temprano en la mañana el _____.

En caso de que la Sede sea en un Palacio Antiguo no es posible utilizar una cocina de gas, sino solo eléctrica y se solicita una investigación in situ para definir qué equipo utilizar (hornos, platos, etc.).

Le agradeceré si puede enviarme un **presupuesto** sobre lo mencionado anteriormente en el día de hoy; Tan pronto como reciba esta información, se la enviaré al cliente y le daré mi confirmación a tiempo.

Necesito por favor también:

- SU POLÍTICA DE CANCELACIÓN
- SUS CONDICIONES DE PAGO

Quedaré a su disposición para cualquier consulta.

Atentamente,

Para la Secretaría Organizadora.

Ejemplo: solicitud de un hotel

Nombre del evento

Fecha

Sitio

A la amable atención de

Estimado señor. _____,

Ponga una **opción** para el período más largo que pueda de las **siguientes habitaciones**:

_____ SGL / DBL / TPL para oradores _____ (B/B)

En: _____, fuera: _____ (o algunos días antes o después, si son extranjeros), al menos una noche cada uno.

Alojamiento _____ días antes de la fecha, antes de su confirmación.

Le agradecería que me envíe un presupuesto, IVA e impuestos municipales incluidos, si corresponde.

Necesito por favor también:

- SU POLÍTICA DE CANCELACIÓN
- SUS CONDICIONES DE PAGO

Quedaré a su disposición para cualquier aclaración.

Atentamente,

Para la Secretaría Organizadora.

Ejemplo: solicitud de equipo técnico

Nombre del evento

Fecha

Sitio

A la amable atención de

Estimado señor. _____,

Como Secretaría Organizadora de la _____ en el tema, le pido una opción y un presupuesto sobre los siguientes servicios:

Montaje el _____ de la tarde (de 14.00 a 19.00 horas).

Conferencia el _____ de la mañana (de 8.00 a 14.00 horas).

Desmontaje el _____ al final de la conferencia.

Lista de equipos técnicos

Sistema de amplificación con 3 micrófonos con cable para la silla y 1 para el podio, parlantes aptos para _____; costo _____.

Costo de la pantalla de proyección doble _____.

Grabación de audio de la conferencia: casetes de audio sobre el costo de consumo _____.

Los micrófonos inalámbricos cuestan _____.

Proyecciones de doble diapositiva + flecha láser + costo del retroproyector _____.

Proyección de video (estándar VHS) + tarjeta y cable VGA para proyección por computadora; costo _____.

Sistema con grabación de altavoces y proyección en pantalla; costo _____.

Servicio de traducción simultánea (en plenaria); costo _____.

Proyectores para proyección de diapositiva doble y simple; costo _____.

Las pantallas de 180x180 cm^2 cuestan _____.

Costo de conexión a línea telefónica (tel. + Fax) _____.

Costo de la máquina de fax _____.

WIFI, etc.

Le agradecería si pudiera conseguirme una cotización relacionada con el costo del equipo antes mencionado hoy.

Tan pronto como tenga esta información, me encargaré de enviarla al cliente y acordar una posible inspección lo antes posible.

Necesito por favor también:

- SU POLÍTICA DE CANCELACIÓN.
- SUS CONDICIONES DE PAGO.

Quedando disponible para cualquier aclaración, la oportunidad es bienvenida para enviar mis mejores deseos.

Para la Secretaría Organizadora.

CAPÍTULO 5:

LA ESTIMACIÓN

L a estimación debe realizarse sobre la base de la información recopilada. Debe estar resumida por capítulos, cada uno indicado con una letra. Dentro de cada capítulo, se deben describir los elementos que se consideren necesarios para la implementación del proyecto.

En esta lista, debes escribir también el costo que crees tendrás, porque habrá muchos gastos en los próximos días o meses antes de un evento: por ejemplo, arreglos de hotel y viaje, lugar, comida, equipo técnico, eventos sociales, programa, excursiones, etc.

Por lo general, los arreglos de viaje y hotel son los costos más considerables, en cualquier caso, así que no los subestimes. Luego, programa de alimentación y social: también pueden ser muy altos, y dependen del evento que hagas. Cuando esté disponible, el precio del artículo individual se cuantifica; de lo contrario, se indica como «monto límite», con la intención de ser el monto máximo que se puede gastar en ese artículo y que se ajusta al gasto real en el saldo final o durante el trabajo, siempre que sea posible.

Todos los artículos no solicitados por el cliente en esta etapa, pero que se enumeran como posibles alternativas a los presentes y/o adiciones, se insertan con un asterisco y no se suman a los totales.

En cuanto a la elaboración del plan de ingresos, las cuotas propuestas se basan en la información recibida y en la calidad y cantidad de los servicios que se pretenden ofrecer. La tarifa aplicada como consultoría organizacional es fija o un porcentaje de los costos; esto a discreción del organizador del evento.

La elaboración de un presupuesto tarda un día si tienes toda la información que necesitas de tu cliente y todas las ofertas de tus proveedores.

El presupuesto de un evento es uno de los aspectos más importantes de un evento exitoso. Hay que tener en cuenta muchos factores como los depósitos de sedes, la devolución de ponentes, el depósito de hotel, el cáterin, fotógrafos, bandas, equipos de audio, video y sonido, así como la contratación de los servicios de escritores, actores, el billete de avión y tren, etc.

Si la publicidad y la promoción son parte del evento, también habrá pagos anticipados para la publicidad en periódicos, radio y televisión.

Otros gastos a considerar podrían ser regalos, decoradores profesionales o planificadores.

En el documento que se describe a continuación, se mencionan todas las voces: puedes cortarlas o mantenerlas todas; depende del evento que tengas que organizar.

En el momento de la cesión, se requiere un fondo anticipado para los costos de inicio de las obras.

Ejemplo: una estimación

	DESCRIPCIÓN	CANTIDAD	TOTAL	SUMA
A	**TÍTULO**			
	FECHA	Cuándo		
	LUGAR	Dónde		
	IDIOMA OFICIAL	Idioma		
	PARTICIPANTES TOTALES ESTIMADOS	Cantidad		
B	**TRATAMIENTO DE ORADORES E INVITADOS**			
Alojamiento de hotel				2
B1	Hotel ___ núm. ___ Habitaciones ___ núm. ___ de noches.	SGL: €. ___ DBL: €. ___ TPL: €. ___	€...1,00	
B2	Hotel ___ núm. ___ Habitaciones ___ núm. ___ de noches	SGL: €. ___ DBL: €. ___ TPL: €. ___	€...1,00	
Organización de viajes y traslados				4
B3	Vuelo	Detalles del boleto de vuelo y costo	€...1,00	
B4	Tren	Detalles del boleto de tren y costo	€...1,00	
B5	Taxi		€...1,00	
B6	Reembolso		€...1,00	
Gestión de oradores e invitados				1
B7	Redacción de las cartas de invitación; recuperación para confirmación de	€. ___ c/u	€...1,00	

	presencia; posible solicitud de texto; título del informe; coordinación logística de arreglos de viaje y reserva de hotel		
C	**GRÁFICO**		
Solo para D1-D4			**2**
C1	Definición de la imagen gráfica de la Conferencia		€…1,00
C2	Corrección de pruebas antes de la fotocomposición (hasta 3 rondas) y después de la fotocomposición (hasta 2 rondas) + coordinación tipográfica		€…1,00
Desde D5 en adelante, excepto D9, D12, D24, D25			**2**
C3	Definición de la imagen gráfica de la Conferencia		€…1,00
C4	Corrección de pruebas antes de la fotocomposición (hasta 3 rondas) y después de la fotocomposición (hasta 2 rondas) + coordinación tipográfica		€…1,00
Gráfico para D9, D12, D24, D25: a cotizar, si se solicita			
D	**IMPRESIÓN**		
Producción estándar			**19**
D1	Programa preliminar, 1er anuncio: formato cerrado _____, cuatricromía, bicolor, monocolor, papel _____	n. __ x €. __ c/u	€…1,00
D2	Respuesta	n. __ x €. __ c/u	€…1,00
D3	Formulario de reserva de	n. __ x €. __	€…1,00

	hotel	c/u	
D4	Sobre que contiene el programa (tanto el preliminar como el segundo anuncio, si la producción está establecida)	n. __ x €. __ c/u	€...1,00
D5	Marca	n. __ x €. __ c/u	€...1,00
D6	Papel con encabezado (1ra hoja)	n. __ x €. __ c/u	€...1,00
D7	Papel con encabezado (2da hoja)	n. __ x €. __ c/u	€...1,00
D8	Formulario de resumen	n. __ x €. __ c/u	€...1,00
D9	Segundo programa o programa predefinido	n. __ x €. __ c/u	€...1,00
D10	Formulario de inscripción ____	n. __ x €. __ c/u	€...1,00
D11	Formulario de reserva de hotel __ para el segundo programa	n. __ x €. __ c/u	€...1,00
D12	Programa definitivo: formato ___ (sin reserva de hotel y formularios de registro)	n. __ x €. __ c/u	€...1,00
D13	Carpeta que contiene la presentación del material al patrocinador: formato ____ colores ____	n. __ x €. __ c/u	€...1,00
D14	Un sobre que contiene	n. __ x €. __	€...1,00

	carpetas para el material del patrocinador	c/u		
D15	Insignia: uno, dos o cuatro colores	n. __ x €. __ c/u	€…1,00	
D16	Certificados: uno, dos o cuatro colores	n. __ x €. __ c/u	€…1,00	
D17	Carpeta con material del congreso: formato ____	n. __ x €. __ c/u	€…1,00	
D18	Cuaderno: formato ____, papel ___ gr., de 4-2-1 colores	n. __ x €. __ c/u	€…1,00	
D19	Plantillas de impresión		€…1,00	
Impresión extra				**5**
D20	Invitación de noche con sobre adjunto: formato ____	n. __ x €. __ c/u	€…1,00	
D21	Invitación al desayuno con sobre adjunto: formato ____	n. __ x €. __ c/u	€…1,00	
D22	Programa del salón	n. __ x €. __ c/u	€…1,00	
D23	Menú	n. __ x €. __ c/u	€…1,00	
D24	Plantillas de impresión		€…1,00	
Impresión adicional				**3**
D25	Libro de resúmenes	n. __ x €. __ c/u	€…1,00	
D26	Libro de actas	n. __ x €. __ c/u	€…1,00	
D27	Plantillas de impresión		€…1,00	
Procesamiento de contenido				**1**

D28	€. ___ por cada programa elaborado (se incluyen sobres y formularios, si los hubiera) + €. ___ por cada impresión adicional	Empezando desde	€...1,00	
N.B.	*Procesamiento de contenido para libro de resúmenes y/o libro de actas: a citar, si se solicita*			
E	**LUGAR Y PREPARACIÓN DEL CONGRESO**			
Lugar de eventos				6
E1	Alquiler de espacio, días de preparación y desmontaje incluidos		€...1,00	
E2	Agencia de limpieza		€...1,00	
E3	Guardarropa (con o sin personal)		€...1,00	
E4	Costos del personal (horas extra o supervisión, depende del lugar)		€...1,00	
E5	Estacionamiento		€...1,00	
E6	Seguro o vigilancia (si lo requiere el lugar)		€...1,00	
Preparación				6
E7	Preparación de recepción, sala de reuniones y gabinete de prensa con mesas y cartel		€...1,00	
E8	Cartel publicitario del salón	n. __ x €. __ c/u	€...1,00	
E9	Cartel publicitario de entrada	n. __ x €. __ c/u	€...1,00	
E10	Señal de tráfico	n. __ x €. __ c/u	€...1,00	
E11	Póster de pared	n. __ x €. __ c/u	€...1,00	
E12	Marca de posición para los oradores en la mesa del	n. __ x €. __ c/u	€...1,00	

	presidente			
Montaje y desmontaje				**1**
E13	Montaje, desmontaje y transporte y/o almacenaje de mercadería (si se requiere) e instalación técnica, etc.		€…1,00	
F	**SERVICIOS DE SONIDO VISUAL EN LA SEDE DEL CONGRESO**			
Sala plenaria				**9**
F1	Sistema de amplificación con 3 cables de micrófonos para la presidencia y 1 para el podio, servicio de audio adecuado al espacio		€…1,00	
F2	Pantalla	n. __ x €. __ c/u	€…1,00	
F3	Grabación de la conferencia	n. __ x €. __ c/u	€…1,00	
F4	Micrófono inalámbrico + un clip	n. __ x €. __ c/u	€…1,00	
F5	Proyección de diapositivas	n. __ x €. __ c/u	€…1,00	
F6	Flecha láser	n. __ x €. __ c/u	€…1,00	
F7	Retroproyector	n. __ x €. __ c/u	€…1,00	
F8	Proyección de video + cable VGA para proyección de computadora + pen drive	n. __ x €. __ c/u	€…1,00	
F9	Cabina para lengua extranjera con ____ receptores	n. __ x €. __ c/u	€…1,00	
Centro de diapositivas		n. __ x €. __		**3**

		c/u		
F10	Proyectores para diapositivas dobles o simples	n. __ x €. __ c/u	€...1,00	
F11	Carrusel	n. __ x €. __ c/u	€...1,00	
F12	Pantalla	n. __ x €. __ c/u	€...1,00	
Recepción/oficina de prensa/secretaría				**5**
F13	Computadora en recepción	n. __ x €. __ c/u	€...1,00	
F14	Impresora (como ___) en recepción	n. __ x €. __ c/u	€...1,00	
F15	Máquina de fax en recepción	n. __ x €. __ c/u	€...1,00	
F16	Fotocopia en recepción	n. __ x €. __ c/u	€...1,00	
F17	Conexión teléfono más internet	n. __ x €. __ c/u	€...1,00	
Propuestas integradoras				**5**
F18	Proyección de altavoz	n. __ x €. __ c/u	€...1,00	
F19	En directo/videoconferencia	n. __ x €. __ c/u	€...1,00	
F20	Proyección trasera	n. __ x €. __ c/u	€...1,00	
F21	Computadora en sala de plenos	n. __ x €. __ c/u	€...1,00	
F22	Sistema de iluminación con técnico incluido		€...1,00	
Montaje y desmontaje				**1**

F23	Montaje, desmontaje y transporte y/o almacenaje de mercadería (si se requiere) e instalación técnica, etc.	€...1,00	
G	**RESTAURACIÓN EN SEDE DEL CONGRESO**		
El día _____ comienza a las 14.00 horas			**2**
G1	Cóctel de bienvenida el ____	Núm. __ cóctel de bienvenida a € __ x __ personas totales	€...1,00	
G2	Pausa para el café el ____	Núm. __ cóctel de bienvenida a € __ x __ personas totales	€...1,00	
Día ____ comienza en ____			**3**
G3	Pausa para el café el ___	Núm. __ cóctel de bienvenida a € __ x __ personas totales	€...1,00	
G4	Almuerzo el ___	Núm. __ almuerzo a € __ x __ personas totales	€...1,00	
G5	Cóctel de despedida el ___ o cena el ___ o cena de	Núm. __ cóctel de	€...1,00	

	gala el ___	despedida a € __ x __ personas totales		
H	**DECORACIONES EN SEDE DEL CONGRESO**			
Varias cosas				**4**
H1	Flores y plantas	n. __ x €. __ c/u	€...1,00	
H2	Transporte y porte del material de la secretaria desde la oficina hasta la sede del congreso y devolución		€...1,00	
H3	Fotos y/o video		€...1,00	
H4	Extintores	n. __ x €. __ c/u	€...1,00	
I	**PERSONAL DE LA SEDE DEL CONGRESO**			
Anfitriona				**2**
I1	Anfitriona (n. __ en el pasillo, n. __ en el centro de diapositivas, n. __ en recepción, n. __ en vestuario, si no hay personal local) para un total de __	n. __ x €. __ c/u	€...1,00	
I2	Uniformes, también los cambios	n. __ x €. __ c/u	€...1,00	
Técnicos				**2**
I3	Salón de plenos técnico sonoro-visual	n. __ x €. __ c/u	€...1,00	
I4	Técnico de correderas y PC	n. __ x €. __ c/u	€...1,00	
Otros				**1**

I5	Intérpretes y traductores y/o guías turísticos y/o _____. Depende del evento	n. __ x €. __ c/u	€...1,00	
L	**PROGRAMA SOCIAL DÍA/NOCHE**			
Programa social diurno: días ___				**9**
L1	Programa de visitas a elegir entre las localidades acordadas **durante la Conferencia** (solo los acompañantes); **Post Conferencia** pueden participar los participantes y acompañantes que previamente lo hayan solicitado y reservado	Ciudad ___ = €. ___ c/u	€...1,00	
L2	Anfitriona de bienvenida/punto de encuentro para programa de visitas	n. __ x €. __ c/u	€...1,00	
L3	Firma para el punto de encuentro	n. __ x €. __ c/u	€...1,00	
L4	Carteles publicitarios en el tablero del autobús para que los participantes los reconozcan, de modo que no se suban al autobús equivocado	n. __ x €. __ c/u	€...1,00	
L5	Entradas a los Museos/Empresas mencionados en el	n. __ x €. __ c/u	€...1,00	

	programa			
L6	Autobús GT para llegar al _____ mencionado en el programa de visitas	n. __ x €. __ c/u	€...1,00	
L7	Técnico	n. __ x €. __ c/u	€...1,00	
L8	Seguro		€...1,00	
L9	Cena en taberna/restaurante típico, bebidas incluidas		€...1,00	
Noche-día _____: cena de hipótesis con concierto				**10**
L10	Villa ___ Salón ___ capacidad ___ máx., no más		€...1,00	
L11	Cáterin		€...1,00	
L12	Traslado para llegar a la villa	n. __ x €. __ c/u	€...1,00	
L13	Anfitriona de bienvenida antes, después y durante la noche	n. __ x €. __ c/u	€...1,00	
L14	Entretenimiento (música, música clásica, óperas, banda de jazz, rock, diferentes actuaciones)		€...1,00	
L15	Derechos de autor		€...1,00	
L16	Decoraciones con flores y plantas	n. __ x €. __ c/u	€...1,00	
L17	Guardarropa (bien provisto y con personal)		€...1,00	
L18	Agencia de limpieza		€...1,00	
L19	Lámparas, servicio de audio, etc.		€...1,00	
M	**SECRETARÍA GENERAL**			
Gastos				**13**
M1	Programas que envían el	n. __ x €. __	€...1,00	

	primer anuncio a la lista de correo	c/u		
M2	Programas que envían un segundo anuncio a la lista de correo	n. __ x €. __ c/u	€...1,00	
M3	Envío de cartas a ponentes e invitados con programas adjuntos	n. __ x €. __ c/u	€...1,00	
M4	Envío de cartas a ponentes e invitados para acuerdos logísticos/entrega de billetes de viaje, vales de hotel, otros	n. __ x €. __ c/u	€...1,00	
M5	Envío de cartas de invitación a la lista de correo	n. __ x €. __ c/u	€...1,00	
M6	Reenvío por correo o por mensajería urgente útil durante el proceso	n. __ x €. __ c/u	€...1,00	
M7	Envío de paquetes en _____ (país)	n. __ x €. __ c/u	€...1,00	
M8	Envío de paquetes al exterior	n. __ x €. __ c/u	€...1,00	
M9	Posible digitación de direcciones por computadora e impresión en etiquetas y en la lista	n. __ x €. __ c/u	€...1,00	
M10	Posible investigación de datos faltantes	n. __ x €. __ c/u	€...1,00	
M11	Servicio de rotulación, franqueo y envolvente por	n. __ x €. __ c/u	€...1,00	

	núm. ___. Sobres núm. ___ envío (1er y 2do anuncio + cartas de invitación)			
M12	Preparación de carpetas para la Conferencia	n. __ x €. __ c/u	€...1,00	
M13	Preparación de la credencial (con el nombre impreso con láser) para la Conferencia	n. __ x €. __ c/u	€...1,00	
N	**SECRETARÍA DE CONTABILIDAD ADICIONAL**			
	Gastos			**6**
N1	Participantes de la conferencia sin inscripción ni lista	n. __ x €. __ c/u	€...1,00	
N2	Participantes de la conferencia con tarifa de inscripción y lista	n. __ x €. __ c/u	€...1,00	
N3	Sellos fiscales necesarios	monto límite	€...1,00	
N4	Teléfono	monto límite	€...1,00	
N5	Correo electrónico de fax	monto límite	€...1,00	
N6	Fotocopias	monto límite	€...1,00	
O	**SECRETARÍA ADMINISTRATIVA**			
	Tarifa plana			**3**
O1	Recepción de las sumas pactadas con los patrocinadores y con las estructuras distribuidoras mediante facturación, el monto cobrado de la cuota de inscripción de los participantes con liberación de facturación y/o recibo en			

	función de la situación fiscal de los participantes		
O2	La gestión de la relación con los proveedores incluyó las fechas de pago del asesoramiento y de los servicios recibidos que serán facturados directamente a _____ (CLIENTE; SI PAGAN DIRECTAMENTE A LOS PROVEEDORES) y liquidados por ellos mismos al final de la manifestación, dentro de los treinta días desde la fecha de facturación		
O3	Rendición de cuentas mediante elaboración del presupuesto pre-final (____ días antes del inicio de la manifestación) y presupuesto final (al final de la manifestación), de las cantidades recaudadas directa o indirectamente por _____ (CLIENTE; SI PAGAN DIRECTAMENTE A LOS PROVEEDORES) sobre la base del presente presupuesto		
P	**OFICINA DE PRENSA Y FACTURACIÓN: PUBLICACIÓN**		
Oficina de prensa			**3**
P1	Local (con conferencia de prensa a/a oficinas de atención al cliente u otro lugar, solo si es gratis)	€...1,00	
P2	Regional (con conferencia de prensa a/a oficinas de clientes u otro lugar, solo si es gratis)	€...1,00	
P3	Nacional (con rueda de prensa a/a oficinas de clientes u otro lugar, solo si es gratis)	€...1,00	
Publicación de facturas			**3**
P4	Factura local de carteles núm. ___	€...1,00	
P5	Facturación autonómica de carteles núm. ___	€...1,00	
P6	Facturación nacional de carteles núm. ___	€...1,00	
Q	**VARIAS COSAS**		
Más detalles			**2**

Q1	Conexión del transporte de huéspedes del hotel al lugar del Congreso	núm. __ autobús x __ personas €. __c/u	€...1,00
Q2	Kit de congreso o regalos para ponentes, etc.	núm. __ x núm. __ personas €. __ c/u	€...1,00
Q3	Alojamiento en hotel para el personal de la Secretaría Organizadora y administración anexa a la Conferencia.	en la balanza	
Q4	Viajes y traslado del personal de la Secretaría Organizadora anexa a la Conferencia	en la balanza	
Q5	La cancillería incluía una cantidad mensual para la cancillería ordinaria; lo necesario para el congreso (bolígrafos para los participantes, pegamento, etc.); norte. ___ armazón de bolsas de plástico, etc.	en la balanza	
Q6	Traducción de textos (cartas, contratos, etc.) u otras cosas varias	en la balanza	
R	**PUNTOS TOTALES DE A A Q**		
S	**COMISIÓN DE AGENCIA**		
T	**SUMA**		
U	**IVA (si lo hubiera)**		
V	**TOTAL GENERAL CON IVA INCLUIDO**		

CAPÍTULO 6:

GESTIÓN DE INVITADOS

La actividad de gestión de invitados se estructura mediante el envío de la invitación en formato PDF (enviada por la agencia de eventos o directamente por el cliente según la política de la empresa).

Hay muchos envíos durante los meses previos al evento, como la reservación, la invitación, los recordatorios, el horario, etc.

Luego, siguen las llamadas telefónicas para diversos seguimientos y retiros, luego la consiguiente actualización de la lista proporcionada por el cliente con el procesamiento de los nombres y su resultado, así como el posterior envío de los comprobantes de confirmación con el detalle de las reservas.

Por supuesto, cada categoría (invitados, ponentes, patrocinadores, etc.) requiere un tratamiento diferente.

Primero, debes crear una lista de invitados. Construye la lista pieza por pieza.

Parte uno

BANDERA	PAÍS	CIUDAD	EMPRESA	REFERENTE	APELLIDO	NOMBRE	TELÉFONO Y MÓVIL	CORREO ELECTRÓNICO

En «bandera» debes ingresar la categoría como orador, invitado, patrocinador, etc.

En «país», debes ingresar el nombre del país de cada persona y en «ciudad» la ciudad de donde llega el huésped. Esto será muy útil cuando te comuniques.

Conocer la ciudad y el país de la persona a la que necesitas llamar te permite saber cuál es la zona horaria y, por tanto, organizar la actividad de recuerdo según un horario adecuado. Si llamas a alguien a su casa, al amanecer o de noche, puedes causar molestia y obtener un resultado negativo.

De hecho, la llamada telefónica debe realizarse durante el horario laboral, posiblemente durante la pausa para el almuerzo, de modo que puedas llamar a la persona interesada sin molestar. Durante la llamada, es bueno ser muy preciso pero rápido.

La gente no tiene tiempo y, por tanto, en unos minutos hay que dar la información necesaria y enviar una confirmación por escrito vía email. La actividad de retirada es, de hecho, preparatoria a la de enviar el programa y los formularios de inscripción, confirmación o reserva por correo electrónico.

No aceptes ninguna confirmación verbal. Nunca confíes en lo que dice la gente. No están concentrados cuando responden.

Las confirmaciones y cancelaciones solo deben recogerse por escrito. Por eso, además del país y ciudad de donde proviene el huésped a contactar, es fundamental tener su dirección de correo electrónico directo, su teléfono fijo y, si es posible, su número de móvil.

En la siguiente parte de la lista, de hecho, verás las celdas relacionadas con el correo electrónico, el teléfono, etc., que debes completar con los datos correspondientes del huésped.

En la casilla «referente», sin embargo, debes indicar la persona de contacto, es decir, no necesariamente el invitado sino, quizás, el gerente de área de referencia, etc.

La persona de contacto suele ser la que puede ayudarte a encontrar a la persona invitada si no responde por teléfono o correo electrónico, a pesar de tus repetidos intentos de contacto.

Parte dos

VIAJE	COSTO	HOTEL	TIPO DE HABITACIÓN	COSTE (por la noche en BB)	REGISTRO	SALIDA	NOCHES TOTALES	COSTE TOTAL DEL HOTEL

En el recuadro «viaje», debes indicar si la persona viaja en avión o tren o en su propio vehículo. También debes indicar el horario del vuelo, cuándo se emite, o los horarios de llegada y salida del tren cuando compraste el billete.

En la casilla de «costo», debes especificar el precio del boleto emitido. Esto es para cuando tengas que hacer los conteos finales.

En el cuadro «hotel», debes indicar el nombre del hotel asignado a ese huésped. De hecho, no todos los huéspedes pueden dormir en el mismo hotel.

Entonces, la tarea de asignación que realizas en la lista es muy importante para la coordinación con las anfitrionas y la bienvenida que harás en el lugar cuando los huéspedes lleguen o salgan del hotel asignado.

En el recuadro «tipo de habitación» se debe indicar la habitación que ocupará el huésped y, por tanto, si es una habitación sencilla, doble o doble, pero con ocupación sencilla, o una triple o incluso una cuádruple.

Si un huésped lleva niños, y son niños pequeños, tal vez necesitará dos habitaciones comunicadas.

Si un huésped está discapacitado, necesitará una habitación adaptada a sus necesidades motoras. Si está acompañado por un profesional de la salud, la sala del operador debe comunicarse con la de ellos.

Si un invitado es un juez con escolta, la habitación o habitaciones más cercanas a él deben asignarse a la policía que lo protege. La asignación de las habitaciones también depende de las necesidades del cliente porque quizás prefieren tener un cierto tipo de huéspedes en un hotel u otro. O prefieren asignar habitaciones de categoría superior a algunos huéspedes importantes y habitaciones de categoría estándar a otros.

El hotel que usas para algunos huéspedes, de hecho, puede tener una categoría (tres, cuatro, cinco estrellas o lujo) y esta categoría podría ser más alta que la que se usa en otros hoteles para otros huéspedes. O, en el caso de un congreso, donde los ponentes son invitados pero los miembros cobran, debes reservar hoteles de diferentes categorías.

Los participantes no quieren gastar mucho dinero y, por tanto, una calificación de tres estrellas es más que suficiente. En cambio, un orador siempre debe estar alojado en un hotel de cuatro, cinco estrellas o de lujo.

Antes de elegir en qué hotel acoger a tus invitados, ya sean ponentes o participantes, debes realizar una inspección y verificar que el hotel es apto además de su categoría.

Algunos hoteles, por ejemplo, son de categoría cuatro estrellas solo porque tienen piscina, pero su estándar es el de un hotel de tres estrellas. Alojar a un orador en un hotel así es inapropiado.

Al inspeccionar un hotel, intenta comprobar no solo las mejores habitaciones que el propietario querrá mostrarte, sino también las más pequeñas.

Comprueba si el baño está limpio, pero también si está en buenas condiciones, es decir si el lavabo no está astillado si la alfombra no está sucia. Incluso el hotel, de hecho, refleja tu imagen, porque tú eliges dónde acomodar a tus huéspedes, por lo tanto, indirectamente, ellos también te juzgarán en función de dónde los hiciste dormir.

Si algunos huéspedes vienen de lejos, notifica al hotel tan pronto como le des la lista de habitaciones, ya que es posible que se estén registrando muy tarde.

Sin embargo, si otros huéspedes necesitan irse más tarde después de la hora de salida de la habitación, solicita una salida tardía. Cuando entregues la lista de habitaciones en el hotel, es bueno verificar con la persona de contacto de tu hotel las necesidades de cada huésped, nombre por nombre, para que no haya problemas.

Es importante que todos los detalles sean tenidos en cuenta no solo por ti, sino también por quien acogerá a tus participantes en el evento y, por tanto, en este caso, por el hotel.

Si sabes que algunos huéspedes necesitarán almorzar o cenar en el hotel, elige un hotel con restaurante interno.

Cuando reserves una habitación, intenta solicitar un tratamiento BB *(Breakfast and Buffet)*, es decir, con almuerzo y desayuno. Comprueba si existen impuestos turísticos y de servicios a pagar y acordar previamente con tu cliente, si estos impuestos son gastos que tienes que pagar por adelantado en nombre de tu cliente o si son gastos que quedan por pagar por los huéspedes. Define con tu cliente incluso si los invitados tienen crédito completo o no. Los huéspedes con crédito completo son aquellos a quienes tienes que pagar extras personales y luego cobrarlos a tu cliente.

En los recuadros correspondientes a seguir, deberás especificar todas estas cosas y añadir siempre un recuadro de «notas» en el que escribas los datos que consideres necesarios, como un cliente alérgico, etc.

Al final de los recuadros enumerados hasta ahora, encontrará el «costo total del hotel»: un recuadro imprescindible porque en su interior debes marcar el costo total de la pernoctación del huésped.

De hecho, hay huéspedes que duermen una noche y otros que duermen dos o más. Establece la lista en formato sobresaliente para que en las celdas apropiadas puedas establecer la fórmula de cálculo.

Te será más fácil, tanto en el balance final como durante la construcción, controlar los costes de vez en cuando.

Parte tres

RECOGIDA/IDA	RECOGIDA/VUELTA	ALMUERZO/CENA	ACOMPAÑANTE

La tercera parte de la lista puede ser infinita, ya que depende de lo que se ofrezca al invitado y del tipo de evento.

Te lo explicaré. Si el cliente decide ofrecer recogidas, es decir, el conductor privado que recoge al huésped en la estación o aeropuerto y lo lleva al hotel, se debe escribir la hora de recogida en la casilla correspondiente, así como el nombre del conductor y del teléfono móvil del conductor. Se debe hacer lo mismo para la recogida de ida y vuelta.

Si los invitados asisten a almuerzos, cenas u otras actividades, se debe crear un cuadro para cada uno de ellos y debe ser debidamente llenado. Si el invitado trae un acompañante se debe ingresar su nombre en el cuadro de la derecha.

La lista debe estar estructurada considerando todas las actividades, movimientos, datos técnicos y sensibles de la persona que necesitas gestionar y que viaja con ella. Es esencial recopilar adecuadamente toda la información y las reservas de los huéspedes. Una lista bien elaborada es una herramienta fundamental para gestionar correctamente a los huéspedes.

La lista también se puede crear en línea, así como el formato del formulario de participante. Las herramientas en línea son muy efectivas si el tipo de participantes las usa.

Si, por el contrario, son personas a las que no les gusta registrarse a través de sitios web o herramientas online, es necesario proceder de la forma tradicional, y, por tanto, según las indicaciones dadas hasta ahora.

Incluso si se utilizan herramientas online, la actividad de retiro y la adecuada recopilación de la lista son fundamentales para la correcta gestión del huésped. Después de crear la lista, la actividad de gestión de invitados proporciona, como se mencionó anteriormente, el envío de la invitación por correo electrónico.

La invitación puede ser un programa, una carta de participación, un programa con formulario de inscripción, etc.

En las siguientes páginas, hay varios ejemplos. El envío por correo electrónico se realiza muchas veces durante el procesamiento de la lista, es decir, hasta que el invitado haya confirmado o rechazado. Confirmación o denegación que siempre debe recibirse por escrito. Para solicitar confirmación o denegación se utiliza la actividad de retiro, es decir, el contacto telefónico del que ya hemos hablado anteriormente.

Cuando hayas terminado de trabajar en una lista y te hayas puesto en contacto con todas las personas, estará llena de comentarios positivos (participantes) o comentarios negativos (aquellos que no asisten al evento).

Mantienes los comentarios positivos en la hoja uno de tu lista de excelentes, mientras que los comentarios negativos deben trasladarse a la hoja dos. De hecho, a partir de ahora, solo trabajarás con los positivos, los que vendrán al evento. A estas personas, «los comentarios positivos», tendrás que enviarles un comprobante que es un documento que resume todo lo que hacen, dónde y cuándo lo hacen, así como su reserva de hotel, su viaje y, si corresponde, su traslado cuando llegan y cuando se van.

Antes de realizar el vale, obviamente, debes haber definido con el huésped su viaje y sus fechas de registro y salida del hotel.

Junto con el vale, también deberás enviarles el billete de avión o tren. Ese es su boleto de viaje.

Nunca emitas un boleto de viaje a menos que hayas recibido una confirmación por escrito del huésped sobre las fechas y los horarios de vuelo/tren que le has propuesto.

De hecho, los invitados a menudo cambian de opinión. Pero los boletos que emiten, la mayoría de las veces, son tarifas no reembolsables y, por lo tanto, corres el riesgo de desperdiciar mucho dinero. Si, por el contrario, tienes la confirmación por escrito del huésped, es más difícil para él cambiar de opinión.

Si es así, cuando tengas que informarle a tu cliente por qué tuviste que emitir dos boletos para el mismo invitado, por ejemplo, tendrás sus correos electrónicos demostrando que no te equivocaste, sino que el invitado ha cambiado de opinión.

La tramitación de la gestión de huéspedes, de hecho, sirve para optimizar los gastos, es decir, para reservar un número de habitaciones adecuadas según el número de personas presentes, para reservar un número de personas en el almuerzo o la cena según quién esté realmente presente, etc.

Sin embargo, dado que las personas que duermen y comen gratis no tienen tanto cuidado de estar presentes como cuando pagan personalmente, tener confirmaciones escritas sirve para demostrarle a tu cliente, si te pregunta, que tu trabajo se ha hecho muy bien, incluso si el invitado no se presenta.

Sin embargo, es poco probable que un invitado, considerando el trabajo realizado con la administración de invitados, no se presente. Por lo general, esto solo sucede si el huésped se enferma o si hay compromisos repentinos.

Pero, por lo general, el huésped te informa inmediatamente, por lo tanto, si lo sabes a tiempo, puedes cancelar la reserva. En este caso, si la cancelación es demasiado próxima a la fecha del evento, seguramente habrá penalizaciones a pagar que hayas acordado con el hotel, aerolínea o cáterin, etc. Pero si la cancelación se produce con tiempo suficiente, puedes cancelar sin pagar ninguna penalización.

Lograr que los huéspedes se acostumbren a enviar confirmaciones por escrito y enviar cancelaciones por escrito es el resultado de una buena gestión de los huéspedes.

Y es muy útil para optimizar costes y tener una sala llena pero no desbordada, para cenar con todas las mesas ocupadas sin asientos vacíos, para no tener demasiadas personas que utilicen transfer privado en comparación con los asientos a bordo, etc.

La gestión de invitados es la actividad que asegura el éxito del evento y, por tanto, requiere mucha atención.

Es el valor agregado que, junto con la gestión de convenciones, te convierte en un organizador de eventos completo y verdaderamente profesional. De hecho, la diferencia entre una persona que organiza eventos y un administrador de eventos está determinada por una combinación entre la gestión de convenciones y de invitados. Son dos habilidades diferentes, pero igualmente importantes para crear un evento exitoso.

Veamos, por ejemplo, los diferentes tipos de cartas que se pueden enviar según los distintos tipos de huéspedes y las distintas situaciones a gestionar.

CAPÍTULO 7:

ORADORES Y/O INVITADOS

A continuación, se muestran cuatro ejemplos necesarios para este tipo de gestión:

1. Carta de invitación

La carta de invitación es la que sirve para describir el programa del evento al invitado y que debe incluir todos los detalles. Puede ser firmado por el presidente del congreso o, en el caso de un evento corporativo, por el director comercial, etc.

En su interior, sin embargo, deben estar presentes todas las referencias de la secretaría organizativa, independientemente de que esté firmada por el cliente o no. La carta de invitación, de hecho, es la primera herramienta de trabajo de la gestión de invitados y es la que presenta la secretaría organizativa. La carta de invitación, no solo presenta a la secretaría organizacional, sino que la «autoriza», en el verdadero sentido de la palabra, a contactar a los invitados en nombre de la empresa cliente o en nombre de la empresa que organiza el evento científico o político.

2. Formulario de hospitalidad

El formulario de registro o de hospitalidad que el invitado debe completar y enviar por correo electrónico a la secretaría organizacional puede o no estar unido a la carta de invitación.

El formulario de hospitalidad o incluso el formulario de inscripción, en el caso de un socio que registre su presencia en un congreso, puede variar tanto en el formato como en las indicaciones que se den según el tipo de evento.

Pero la estructura, en general, es muy similar a todos estos tipos de formas.

3. Carta de bienvenida

La carta de bienvenida es una carta que generalmente se encuentra en la habitación del hotel y que da la bienvenida a los huéspedes, y resume, nuevamente, todo lo que estaba escrito en el vale: los puntos de encuentro, las actividades, los lugares donde tienen lugar, los horarios, etc.

No se debe adjuntar ningún boleto de viaje a la carta de bienvenida: el huésped ya ha llegado, por lo que sus boletos de viaje han sido recibidos y utilizados.

Junto con la carta de bienvenida, se puede encontrar un regalo en la habitación de invitados. En este caso, debes agregar una nota de «cumplidos».

4. Vale

El vale es una preparación para la carta de bienvenida y es una especie de «vademécum» para el invitado. Pero como la mayoría de los huéspedes pierden el vale o lo olvidan y no recuerdan adónde ir ni qué hacer, la carta de bienvenida sirve solo como un «cupón adicional».

La diferencia entre el vale real y la carta de bienvenida es que los boletos de viaje deben adjuntarse al vale.

Un vale bien hecho es breve pero no deja fuera ningún detalle importante. Es colorido, es decir, con imágenes del lugar u hotel o ubicación donde se realiza el evento y el logo del cliente.

Debe enviarse siempre en formato PDF ya que es un documento cerrado que no está sujeto a modificaciones. Por lo tanto, el vale debe ser útil, pero también hermoso.

Si se crea una imagen gráfica específica para el evento, el vale tendrá esta imagen gráfica pero también debe estar enriquecida con imágenes o marcos u otras formas de decoración gráfica que se puedan crear fácilmente de manera digital.

Es decir, es una herramienta de trabajo y, por tanto, no debe ser enviada por un diseñador gráfico como si fuera una impresión. Pero esto no quiere decir que su presentación deba ser la de un correo electrónico insignificante.

Un término medio entre los dos. El bono siempre debe ser verificado dos veces entre dos miembros del personal. Una persona lee la lista (sobre cuya información se produce el comprobante) y la otra verifica el comprobante.

Esta doble verificación te permite asegurarte de que no hay errores, que la información contenida en la lista es la misma que la escrita en el vale, pero, sobre todo, te permite verificar que no has olvidado nada.

Es decir, no es solo un resumen para tu invitado, sino una verificación adicional para ti que verifica que no se ha perdido ningún detalle.

Ejemplo: carta de invitación

Nombre del evento

Fecha

Sitio

A la amable atención de

Querido doctor. _____,

Le escribo en mi calidad de planificador y organizador de la reunión antes mencionada y adjunto el programa de la conferencia con **los últimos cambios introducidos, según las indicaciones del Comité Científico de la Reunión.**

Para su presentación en el podio, podemos hacer arreglos para la proyección de dos diapositivas, un retroproyector, una conexión para proyecciones desde su propia computadora y una proyección VHS estándar, según sea necesario.

Por favor, infórmenos mediante el formulario adjunto si piensa utilizar alguno de los recursos técnicos anteriores para que podamos ponerlos a su disposición de manera adecuada.

También le informo que el próximo _____ (mes, fecha), a las 20.30 horas, el Prof. _____ será el anfitrión de una Bienvenida _____ en _____ (dirección _____), donde se le espera como invitado distinguido.

Le agradecería que antes **del _____ (mes, fecha)** siguiente pueda completar el formulario adjunto y así notificarnos sus requisitos en cuanto a su presentación en el podio y su estadía en

_____ durante los días de la reunión. En este sentido, se pondrá a su disposición una habitación en el **Hotel** _____, ubicado en _____.

Nuestra Secretaría está lista para ayudarlo con los arreglos para su viaje a nuestra ciudad, y para tal fin, consulte nuevamente el formulario adjunto. A este respecto, le informo que cubriremos todos los gastos de viaje solo para usted.

En caso de que desee viajar en compañía de otra persona, podemos encargarnos de una reserva de asiento adicional y notificarle la fecha límite en la que puede adquirir el billete de avión para la persona que le acompaña.

Sin embargo, si prefiere organizar su viaje por su cuenta, se le reembolsará el pasaje del avión al presentar el boleto original a nuestra Secretaría después de la reunión.

Deseo señalar que el boleto de avión proporcionado por nosotros será un boleto cerrado con fechas y horarios fijos; por lo tanto, asegúrese de evitar o limitar los cambios tanto como sea posible.

No dude en ponerse en contacto conmigo para obtener información adicional. Me quedo, con cumplidos,

Atentamente,

Anexos: programa científico; formulario de hospitalidad.

Ejemplo: formulario de hospitalidad

Nombre del evento

Fecha

Sitio

A la amable atención de

Día ___ Mes ___ Año ___

Nombre _____

Apellido _____

Para mi presentación utilizaré:

❑ Cinta de video VHS estándar

❑ Proyección de doble diapositiva

❑ Retroproyector

❑ Proyección por computadora

Por la presente confirmo mi presencia:

En la velada del ____ (mes, fecha), ___ (año):

SI ☐   *NO* ☐

Con acompañante:

SI ☐   *NO* ☐

Por la presente confirmo mi reserva de hotel:

❏ Habitación individual

❏ Habitación doble

Fecha de registro _____

Fecha de salida _____

No. total de noches _____

Por favor, organice mi traslado por:

☐ Avión

☐ Tren

☐ No necesito ningún arreglo de viaje

Para obtener más información o notificación, póngase en contacto con: _____

Ejemplo: carta de bienvenida

Nombre del evento

Fecha

Sitio

A la amable atención de

Día ___ Mes ___ Año ___

___ hr.   Punto de encuentro en el salón del hotel y salida en bus hacia _____.

___ hr.   ***Café de bienvenida*** y registro de los participantes en la recepción.

___ hr.   Presentaciones técnicas.

<u>Le sigue</u>   Demostraciones prácticas.

___ hr.   ***Pausa para almorzar.***

___ hr.   Presentaciones técnicas.

<u>Le sigue</u>   Demostraciones prácticas.

___ hr.   Fin de presentaciones y demostraciones y salida en bus hacia el hotel.

___ hr. Punto de encuentro en el salón del hotel.

           Salida en bus hacia _____.

___ hr.   Regreso al hotel en bus.

Día ___ Mes ___ Año ___

Salida antes de las ___ h. y salidas individuales.

Para más información, nuestro Personal Organizacional está a su disposición en los siguientes teléfonos: _____

Atentamente,

Ejemplo: vale

Nombre del evento

Fecha

Sitio

A la amable atención de

VALE

Nos complace confirmar las siguientes reservas:

Habitación N° 1 en:

HOTEL _____

Dirección _____

Ciudad _____

(teléfono + _____)

Fecha de registro: ____

Fecha de salida: ____

Total n. de noches: ____

Mes _____ Fecha _____ (por ejemplo, 5 de octubre, año _____), _____
p.m./a.m.

Cena de bienvenida *(o lo que es)*

Restaurante _____. Dirección _____, _____ - _____

Teléfono __ ___ - ___

_____ p.m.: **Cóctel de bienvenida**

Lugar _____, Palacio _____

_____ p.m.: **Concierto** _____. *Ubicación «_____»*

Lugar _____, palacio _____

Le recuerdo que su tarifa de vuelo le será reembolsada al presentar
el boleto original a nuestra Secretaría después de la reunión.

Esperando verle en _____ *(o lo que sea),*

Atentamente,

CAPÍTULO 8:

EL RESUMEN

A continuación, se muestran dos ejemplos necesarios para este tipo de gestión:

1. Carta de solicitud

La carta de solicitud de resumen tiene un contenido científico que se acuerda con la empresa científica que organiza el congreso.

El resumen, de hecho, solo está presente en congresos científicos, es decir, congresos médicos, técnicos o del sector.

Entonces, un evento como un concierto, por ejemplo, no contempla este tipo de solicitud ni para la gestión de personas, muchas veces médicos, que deben presentar un breve resumen de su labor científica en el congreso.

Evidentemente, hay muchos tipos de eventos y, por tanto, también los tipos de documentos que se deben producir en función de qué tipo de evento sea.

Por lo general, durante un congreso médico, la comisión científica, después de juzgar los resúmenes recibidos, selecciona los mejores que se publican en el volumen de los documentos o en un libro especial que es el volumen de los resúmenes. Otros pueden colgarse como carteles o proyectarse en el aula.

El uso y la herramienta según la cual se presentará el resumen no dependen del participante sino del comité científico que lo juzga y elige.

2. Carta de confirmación

La carta de confirmación del resumen seleccionado y elegido por el comité científico explicará cómo se presentará, es decir, si como póster, como texto, como conferencia, etc.

En la carta también estarán todos los detalles sobre el tamaño del cartel, así como la extensión del texto en caso de publicación, y la extensión verbal en caso de presentación oral. Porque esta sección podría tener infinidad de ejemplos que, sin embargo, están todos estrechamente relacionados con el tipo de evento y, por tanto, basta con un solo modelo explicativo.

La sección de un evento dedicada a los resúmenes suele permitir que los jóvenes profesionales se hagan notar. Tienen la oportunidad de mostrar su trabajo a un público selecto y muy amplio: el evento es una oportunidad muy importante para ellos.

De hecho, tanto los resúmenes que se exponen como los que se publican son una referencia positiva y muchas veces muy válida en el currículum laboral del joven profesional.

Al final de un evento, especialmente si es científico, técnico o comercial, a menudo se realiza una publicación que es precisamente el «Volumen de las actas» (es decir, todo lo que se dijo o presentó durante el evento).

Es posible que también se produzcan dos publicaciones: el volumen de resúmenes y el volumen de documentos.

En el caso de eventos corporativos, no existen publicaciones científicas de este tipo, pero si se realiza un volumen, suele ser con las fotos de recuerdo del evento o vinculadas a los productos de la empresa que lo organiza.

El producto final es de otro tipo y valor. No científico sino comercial.

Un libro del evento es, de hecho, un recuerdo para enviar a los clientes o a los agentes que participaron, pero también es una producción que transmite, a veces, los productos de la empresa. Tiene, por tanto, un doble valor comercial y de mercadotecnia.

Pero incluso en este caso, se podría abrir un capítulo inmenso de ejemplos porque, según el tipo de evento y el público objetivo al que se refiera, la eventual publicación final tiene un valor mayor o menor.

Ejemplo: carta de solicitud

Nombre del evento

Fecha

Sitio

A la amable atención de

Tema:

SESIÓN DE CARTELES: _____ Conferencia Nacional el _____

Lugar _____, sede _____, fecha mes año _____

Estimados doctores,

Con referencia a la Conferencia sobre el tema y en representación del Presidente y del Consejo Científico, me pondré en contacto con usted para definir los aspectos logísticos de la cartelería de los carteles; deben tener una dimensión de 70 cm (base) x 100 cm (alto).

Cada autor, encargado de la facturación de su cartel (individual o colectivo), deberá solicitar a la recepción de la Conferencia antes del inicio de los trabajos para recibir el material necesario: cinta, etc.

Cada cartel está marcado con un número (MIRAR EL ANEXO) fijado en las ventanas destinadas a la sesión de carteles: el autor encargado de la facturación, por tanto, deberá colocar su cartel en la ventana marcada con el número correspondiente.

Atentamente,

Sesión de carteles

1. Ejemplo de título _____

2. Ejemplo de título _____

Etcétera.

Ejemplo: carta de confirmación

Nombre del evento

Fecha

Sitio

A la amable atención de

Asunto: Aceptación de resumen enviado con motivo del _____ Congreso Nacional de _____.

Ciudad _____, sede del congreso _____, fecha _____ mes _____ año _____

Querido _____,

Con referencia a la Conferencia sobre el tema y en nombre del Presidente y del Consejo Científico, me gustaría comunicarle la aceptación de las siguientes producciones:

TÍTULO

_____

Se presentarán como una intervención predefinida de _____ minutos (discusión ___) el _____, a las _____ y a las _____.

TÍTULO

_____

Se presentará como un discurso libre de _____ minutos (discusión ___) el _____, a las _____.

CAPÍTULO 9:

EL PATROCINADOR

Los patrocinadores se encuentran entre los temas más importantes de un evento, no solo porque contribuyen a cubrir los costos, sino porque, si están satisfechos con el evento, se complacen en patrocinar a otros. Por tanto, su satisfacción implica la posibilidad de una continuidad comercial indirecta también para la agencia que organiza el evento.

La relación con los patrocinadores es muy estimulante porque su participación en el evento es de muchos tipos. Puede ser en forma de marca del material impreso/una marca comercial en los materiales impresos, es decir, la colocación de su logotipo en ellos.

O también puede extenderse a la personalización de rótulos y cualquier otra forma de publicidad, como carteles, periódicos, vídeos, etc.

En algunos casos, pueden decidir organizar un evento dentro del evento.

Este evento puede ser científico (como un simposio satélite) o social (por ejemplo, el patrocinio de la cena de gala y, por tanto, toda la velada estará marcada). Esto significa que el patrocinador tendrá su logo en todas partes, desde obsequios hasta centros de mesa, carteles y todo lo que suceda durante la noche.

Además, algunos patrocinadores también deciden estar presentes en el lugar donde se desarrolla el evento y, por tanto, con una exposición de sus productos.

La relación con los patrocinadores permite así ver todas las posibilidades comerciales y de mercadotecnia que suelen utilizar las empresas y que son: exhibiciones en ferias del sector, publicaciones, publicidad, etc.

Todas estas diferentes oportunidades se deben ofrecer a las empresas que puedan estar interesadas en participar en un evento en términos de patrocinadores. A continuación, se redactará un contrato con cada uno que, en función del monto pactado, establecerá el tipo de participación del patrocinador adherido.

La primera carta de invitación que se envía a una empresa patrocinadora es, de hecho, una carta en la que se presenta la iniciativa, en la que se enumeran todas las posibilidades de participación y el coste.

Cualquier forma de participación o, en este caso, patrocinio implica un desembolso de dinero por parte de la empresa patrocinadora.

La tarifa relativa al tipo de participación que se elija la define la agencia que organiza el evento junto con el cliente o la empresa que lo promueve. Es mayor o menor según la participación.

Por ejemplo, si una empresa patrocinadora decide participar solo colocando su logo en el material impreso, pagará una cierta cantidad. Pero si, en cambio, deciden participar con muchas formas de patrocinio, la cantidad que pagarán será la suma de todas las oportunidades elegidas.

Hay casos en los que, sin embargo, el patrocinador paga una cifra muy alta que incluye no solo todas las formas de patrocinio previstas, sino que va mucho más allá. En este caso, hablamos de patrocinio principal.

El patrocinador principal es la empresa o institución que tiene un interés primordial en el sector de referencia para el evento y, por tanto, tiene un mayor interés en estar allí.

El procesamiento de los patrocinadores es muy delicado porque es como organizar muchos eventos pequeños para muchas empresas en conjunto.

El cobro de las sumas abonadas por los patrocinadores a la agencia deberá ser informado al final del evento, así como el que se derive de las cuotas de inscripción y/o cualquier otra institución pagadora.

La agencia es, por tanto, el motor administrativo de un evento, así como el operativo y creativo. Su papel es muy importante porque gestiona el dinero de todos los sujetos involucrados tanto en ingresos como en productos.

Hay tres tipos de cartas que se utilizan en la gestión de patrocinadores:

- Carta de propuesta

- Posibilidad de intervención promocional

- Carta de agradecimiento al finalizar el evento

La **primera** se refiere a la introducción de la iniciativa.

La **segunda** se refiere a las propuestas.

La **tercera** se envía al final del evento y es una «carta de agradecimiento». En algunos casos, también puede adjuntarse la lista de participantes. Depende de si el patrocinador lo solicita y si las leyes de privacidad lo permiten.

Las tres cartas, de las cuales a continuación se encuentran los tres modelos básicos, son obviamente sólo una herramienta de trabajo que, sin embargo, no tiene valor si no está respaldada por una intensa actividad de llamada telefónica y luego por una gran, incluso muy grande capacidad comercial.

Para cerrar un contrato con un patrocinador, la actitud es más importante que la competencia. Y además de actitud, necesitas los contactos adecuados. Por ejemplo, muchos patrocinadores son reportados directamente por el cliente que organiza el evento o, en el caso de un evento médico, por el presidente del congreso.

En este último caso, se trata de empresas vinculadas al médico, institución u hospital que promueve el evento, porque son proveedores de productos que el hospital (por ejemplo) compra durante el año.

Por ejemplo, la unidad operativa de un hospital que compra respiradores, sillas de ruedas, prótesis, etc. Puede haber eventos deportivos o culturales patrocinados por empresas que aparentemente no tienen ningún interés estrictamente relacionado con el tema del evento.

Pero en este caso, la visibilidad en un concierto importante o un partido de fútbol es fundamental para publicitar su producto.

El mundo de los patrocinios es complejo y muy vasto. De nuevo, un tipo de patrocinio u otro, un tipo de empresa u otro depende del evento y del público objetivo al que se refiere el evento.

Una vez enviada la propuesta de patrocinador y una vez cerrado el contrato con la empresa patrocinadora del evento o con las empresas patrocinadoras del evento, se debe redactar el reglamento de expositores.

Este es un documento muy importante que debe redactarse considerando todos los convenios con el lugar donde se realiza el evento, porque en base a ellos se regulará la presencia expositora de las empresas. Si pueden colgar cosas en las paredes, qué tipo de exhibiciones pueden hacer, qué tan grande puede ser la exhibición, dónde se puede colocar, etc. La ubicación de una exhibición en un área de tránsito es obviamente más ventajosa que la empresa exponiendo en un área con poco acceso al público.

La zona en la que se realiza la exhibición que tiene mejor visibilidad debe venderse a un precio superior a la exhibición que se coloca en un lugar menos visible.

El tamaño de la exhibición también afecta. Si una empresa patrocinadora compra un espacio pequeño, pagará menos que una empresa que compra un espacio enorme. Como en una feria: la exhibición más grande ocupa un área de exhibición más grande y cuesta más. No es solo un costo ligado al entorno real, es decir, a las paredes, la mesa, las sillas, sino que es un costo determinado por el mayor o menor espacio que se ocupe.

Por el mismo espacio ocupado, el patrocinador que expone en la zona cercana al servicio de cáterin tiene mayor visibilidad que el patrocinador que expone en el salón de entrada, por ejemplo. Por tanto, el precio de venta del espacio también está determinado por esto. El tamaño y la visibilidad son importantes.

Todo esto debe estar detallado en el reglamento de expositores el cual es un contrato real que debe ser firmado por la empresa patrocinadora. Además, el reglamento de expositores protege a la agencia en caso de que el patrocinador coloque carteles, perfore la pared o tenga comportamientos no autorizados por el lugar. En caso de disputa, la oficina puede recurrir directamente a la empresa patrocinadora.

Sin embargo, si no existe un reglamento de expositor firmado, toda la responsabilidad recae en la agencia que organiza el evento.

El reglamento de expositores también incluye elementos detallados como el costo de los porteadores (que, si se requiere, es un gasto separado que debe pagar el patrocinador), el costo de almacenamiento de los bienes si llegan demasiados días antes del evento o si no son recogido al final del evento, etc.

Es decir, toda situación logística, operativa y comercial debe estar detallada de forma clara y con extrema precisión en el reglamento del expositor para proteger a todas las partes involucradas.

Por ejemplo: si en el patrocinio brindado por la empresa se prevé —por contrato y por reglamento del expositor— que se les entregará la exhibición preconfigurada, por lo tanto, con mesas y sillas, así como paredes, la agencia deberá hacerlo.

Si, por el contrario, la empresa compra solo un espacio expositivo, pero es libre de montarlo como crea, con su material, la agencia deberá asegurarse de que este material es apto para la normativa vigente (como se indica en el reglamento para expositores), tanto para incendios como otras normas.

No existe un modelo de regulación de expositores, ya que depende del lugar en el que se realice el evento.

Por ejemplo, si un evento tiene lugar en la pista y es un evento dedicado a motocicletas o automóviles, el reglamento de expositores debe considerar la necesidad de actividades deportivas que requieran la presencia obligatoria de médicos, ambulancias, etc.

En los eventos de pista, por ejemplo, los mismos invitados, y no solo las empresas patrocinadoras, si quieren conducir una motocicleta de alta velocidad en el circuito, deben primero pasar un reconocimiento médico que garantice que no tienen presión arterial alta o enfermedades del corazón. La adrenalina producida por la velocidad podría, de hecho, provocar un infarto.

Entonces, todos deben firmar una declaración de liberación que es una liberación de responsabilidad si algo sucede. Pero esta declaración, sin el certificado del médico de pista que acredite el estado de salud plena y buena, no tiene ningún valor.

De manera similar, los patrocinadores que exhiban en lugares como estos deben cumplir con regulaciones distintas a las que exhiben en el lugar de la conferencia.

No hay lugares más fáciles que otros en relación a la normativa de expositores: cada uno tiene sus propias peculiaridades y cuestiones críticas. Pero algunas ubicaciones ciertamente tienen problemas más riesgosos que otras.

En un evento de pista, por ejemplo, la participación del patrocinador también puede materializarse con la organización de concursos dentro del propio evento o de actividades de boda quizás en motocicletas o máquinas de producción de la empresa patrocinadora.

Si se trata de eventos muy grandes, en particular, los abiertos al público, la regulación de las actividades que se ofrecerán a los participantes (ya sean organizados directamente por la agencia o implementados directamente por los patrocinadores con su personal) debe hacerse con extrema precisión.

Cuanto mayor sea el número de personas, mayores serán los riesgos. Es por ello que todo ello debe estar regulado en el citado reglamento de expositores y en el contrato de patrocinio, que detalla el tipo de actividad, el coche o moto que se utilizará, la duración, el nivel de peligrosidad, etc.

La gestión de patrocinadores es, por lo tanto, una parte muy compleja de un evento y requiere que una persona supervise el trabajo general. Pero, si el evento es grande y hay muchos patrocinadores, una persona no es suficiente.

Dicho esto, diría que podemos evaluar los ejemplos de cartas a seguir, pero —repito— teniendo en cuenta que son sólo trazas de trabajo, es decir, borradores de lo que se puede negociar con un patrocinador.

Las cartas que siguen son, por así decirlo, un punto de partida y, al mismo tiempo, un modelo de referencia.

Ejemplo: carta de propuesta

Nombre del evento

Fecha

Sitio

A la amable atención de

Querido Dr. _____,

Quiero informarle que el _____ se propondrá en _____, la _____ Conferencia Nacional sobre _____.

La sede del Congreso será _____.

Se prevé que en la Jornada participará el público más importante de ese sector, con una presencia estimada de unos _____ entre los participantes y acompañantes. La Importancia Institucional de la Conferencia —que ocurrirá bajo el patrocinio de _____— se evidencia no solo por la presencia de _____ sino también por la de algunos miembros importantes del Gobierno y Parlamento Nacional.

Por la importancia de la Conferencia y la oportunidad promocional que representa una excelente marca como la tuya, creo que no se lo puede perder. Le adjunto prueba del programa de la Conferencia y una perspectiva de las oportunidades generales de participación. Si la empresa es de su interés, será un placer para nosotros conocernos y discutir el _____.

Quedaré a su disposición para cualquier aclaración.

Atentamente,

Para la Secretaría Organizadora.

Ejemplo: posibilidad de intervención promocional

Nombre del evento

Fecha

Sitio

A la amable atención de

Desde que _____ se convirtió en el encuentro más importante y apreciado por todos los operadores del sector de nuestro país y a nivel internacional, a continuación, algunas propuestas de conferencias para _empresas_ que tengan el placer de presentar sus productos y/o subrayar su papel en este sector.

Descripción

1. Adquisición de espacios expositivos

2. Adquisición de espacios publicitarios en carteles murales

3. Personalización de materiales del congreso

4. Personalización de eventos de congresos

5. Organización de simposios satélite

6. Relaciones de marca

7. Distribución de obsequios del congreso

8. Patrocinio principal

Preste atención: las inversiones a € _____ dan entrada gratuita, las inversiones más altas dan una entrada gratuita extra por cada € _____ de gasto.

- **Adquisición de espacios expositivos**

En la zona _____ ubicada _____ se preparan no. ____ soportes, disponibles separados o unidos entre sí.

Es posible encontrar cerrada la planta de espacios para poder elegir aquellos que, en su caso, encajen mejor.

Cada exhibición tendrá _____ compuesto por _____ con _____.

Cotización para cada exhibición no. _____ (atención: posición diferente = coste diferente) € _____.

- **Adquisición de espacios publicitarios en carteles murales**

Están disponibles las siguientes posibilidades:

Segundo, tercero o cuarto de cobertura

O ____, etc.

- **Los puntos 3 a 8 mencionados anteriormente según el tipo de evento.**

Ejemplo: carta de agradecimiento al final del evento

Nombre del evento

Fecha

Sitio

A la amable atención de

Estimado _____,

Le escribo con referencia al _____, que ha tenido lugar en _____ el _____.

En nombre de _____, quisiera agradecerle a usted y a la Compañía a la que usted representa por haber contribuido de tan gran manera a la perfecta realización del Encuentro.

En efecto, la presencia de _____ participantes registrados, adjunto la lista, es prueba del fuerte interés que suscita esta empresa.

(Nota: *puedes adjuntar la lista solo si la privacidad es correcta, etc.*)

Esperando que esté satisfecho con el trabajo realizado, deseo que trabajemos juntos en el futuro próximo.

Atentamente,

Para la Secretaría Organizadora.

CONCLUSIÓN

Y aquí estamos al final del libro.

Al dedicar un día a cada una de las secciones individuales enumeradas aquí, en una semana o, mejor dicho, en solo cinco días, habrás adquirido todas las herramientas del oficio para ser un organizador de eventos. Sin embargo, es fundamental practicarlos. Y, sobre todo, practica con alguien que haya estado haciendo este trabajo durante algún tiempo y que pueda brindarte la oportunidad de aprender en el campo. Nada es más instructivo que un evento en vivo.

Solo encontrándote en medio de dificultades y satisfacciones podrás entender si este trabajo es para ti, si crees que puedes amarlo y si eres capaz de soportar las presiones que conlleva esta actividad.

Es un trabajo único y emocionante. Nunca es igual. Imposible aburrirse. Pero, si deseas convertirte en un administrador de eventos, siempre debes apuntar a lo mejor.

Cualquiera puede organizar un evento, pero esto no significa que sea un administrador de eventos.

La diferencia está en la calidad, en el nivel de perfección, en la atención al detalle, en la creatividad con la que cada evento es el evento, el único, especial, diseñado y creado especialmente para ese cliente.

Una camisa es siempre una camisa, pero si es cortada y cosida por un estilista, te luce de manera completamente diferente a una camisa comprada en el mercado. Con este libro podrás realizar cualquier tipo de evento porque dispones de todas las herramientas necesarias.

Pero si tu «camisa» será la de un estilista o la de un puesto de mercado, esto lo decidirá tu deseo de ser un administrador de eventos.

Al final de cualquier evento...

No olvides agradecer a tu personal, a tu cliente, a tus proveedores, no solo a los patrocinadores (si los hay) y voluntarios (si los hay).

- Finaliza el balance lo antes posible.

- Publica las fotos en tu sitio web.

SOBRE LA AUTORA

Daniela Liccardo nace en Nápoles en 1968 y, desde niña, destaca por su afán a la organización.

Comienza con la organización del juego escolar anual en la escuela primaria, hasta la actividad política, cuando en la escuela superior es una de las representantes del Instituto hasta el período universitario, que marca el primer paso hacia el mundo de la organización de eventos.

Durante sus años universitarios, de hecho, Daniela colabora en la organización de las oficinas de prensa de *Giulio Einaudi Editore*, la editorial italiana más prestigiosa.

Colabora en la organización de los lanzamientos de los libros, más que en las presentaciones de los nuevos autores (Giulio Einaudi es un cazatalentos increíble), hasta la jornada de puertas abiertas de las distintas oficinas locales de la editorial italiana.

El encuentro con Giulio Einaudi, fundador de la editorial que lleva su nombre, es crucial para el camino de crecimiento profesional de Daniela, quien aprende la importancia de hacer todo con excelencia.

El clima cultural en Giulio Einaudi Editore es estimulante. Le permite a Daniela entrar en contacto con diversas realidades editoriales como algunas revistas de arte, para lo cual comienza a escribir, publicando artículos sobre exposiciones de arte moderno y contemporáneo que son su gran pasión.

Pero pronto Daniela pasa directamente de los artículos a la organización de las exposiciones para las galerías de arte y luego también para la Galería Nacional (Pinacoteca) y la Institución de Patrimonio Histórico y Artístico.

Mientras tanto, se gradúa con honores de la Universidad de Bolonia y comienza su pasantía de posgrado en el Museo Pecci, el Museo de Arte Contemporáneo más importante de Italia.

Y es precisamente durante la pasantía en Pecci que Daniela se pone en contacto con Andrea Emiliani, galardonado con innumerables premios internacionales de museografía. Él toma a Daniela bajo su protección y le abre las puertas de un mundo nuevo y apasionante: la organización de los servicios del museo.

Daniela comienza a colaborar con la empresa que organiza las principales exposiciones internacionales para la Galería Nacional (Pinacoteca), pero no solo las exposiciones: también la librería, mercadotecnia, conciertos, conferencias. Descubre la vivacidad del evento y se enamora de su trepidante velocidad: el evento abre y cierra en pocos días, en los que ofrece momentos increíblemente estimulantes para todos los que participaron, ya sean los creadores o los participantes.

Y, con motivo de una conferencia que Daniela organiza en la Pinacoteca, tiene lugar el encuentro que determina el punto de inflexión profesional en su vida. Conoce al propietario de una de las agencias de congresos italianas más importantes.

Daniela comienza a trabajar en la organización de congresos médicos, políticos, contables, notariales e industriales. Son años muy ricos, durante los cuales se gira mucho dinero y se pueden realizar eventos maravillosos, con escenarios fabulosos y programas sociales increíbles: ¡un sueño!

Como responsable, Daniela coordina y supervisa el trabajo de sus otros compañeros: desde el que se encarga de la tarifa de registro, hasta el que se dedica a los proveedores, hasta los que se encargan de la gestión de los ponentes e invitados.

Daniela procesa directamente la relación con el cliente y la gestión de los patrocinadores. Y es precisamente la relación directa con las empresas (en la agencia de congresos única patrocinadora del evento) lo que se convierte en el negocio principal de la agencia que funda Daniela y de la que aún es propietaria.

Los patrocinadores que participan en las jornadas cuentan tanto con una colaboración expositiva (la exposición) como con una colaboración científica (el simposio, encuentro o conferencia dentro del congreso).

Daniela tiene la oportunidad de atender todos los servicios organizacionales corporativos en 360 grados y descubre que esta, entre todos los tipos de organizaciones que ha hecho en su vida, es la que más le gusta y la que le da mayor satisfacción.

La agencia de Daniela, de hecho, organiza todo tipo de eventos corporativos en Italia y en el extranjero, desde la feria hasta el viaje de incentivo, desde la jornada de puertas abiertas hasta la reunión para agentes o clientes, desde el día familiar hasta la cena de gala, etc.

CPSIA information can be obtained
at www.ICGtesting.com
Printed in the USA
BVHW062007260221
601199BV00004B/213